U0907626

徐志摩

我用尽一生，只为寻你

吉家乐 编著

中华工商联合出版社

图书在版编目（CIP）数据

徐志摩：我用尽一生，只为寻你 / 吉家乐编著 . -- 北京：中华工商联合出版社，2018.2（2021.6 重印）

ISBN 978-7-5158-2190-0

Ⅰ . ①徐… Ⅱ . ①吉… Ⅲ . ①徐志摩（1896–1931）—传记 Ⅳ . ① K825.6

中国版本图书馆 CIP 数据核字（2018）第 012620 号

徐志摩：我用尽一生，只为寻你

编　　著：吉家乐
责任编辑：林　立
装帧设计：北京东方视点数据技术有限公司
责任审读：魏鸿鸣
责任印制：迈致红
出版发行：中华工商联合出版社有限责任公司
印　　刷：唐山富达印务有限公司
版　　次：2018 年 8 月第 1 版
印　　次：2021 年 6 月第 2 次印刷
开　　本：710mm × 1020mm　1/16
字　　数：200 千字
印　　张：16
书　　号：ISBN 978-7-5158-2190-0
定　　价：78.00 元

服务热线： 010–58301130
销售热线： 010–58302813
地址邮编： 北京市西城区西环广场 A 座 19–20 层，100044
http: //www.chgslcbs.cn
E-mail: cicap1202@sina.com（营销中心）
E-mail: gslzbs@sina.com（总编室）

前 言

他说:“我将于茫茫人海中访我唯一灵魂之伴侣,得之,我幸,不得,我命，如此而已。”他想作诗便作一手好诗，并为新诗创立新格；他想写散文便把散文写得淋漓尽致出类拔萃；他想恋爱便爱得昏天黑地无所顾忌……他，就是徐志摩。

徐志摩，1896 年出生于浙江省海宁市硖石镇。“志摩”是在 1918 年去美国留学时他父亲给另取的名字。说是小时候，有一个名叫志恢的和尚，替他摩过头，并预言“此人将来必成大器”，其父望子成龙心切，即替他更此名。徐志摩是徐家的长孙独子，自小过着舒适优裕的生活。小时在家塾读书，11 岁时入硖石开智学堂，从师张树森，从而打下了古文根底。1910 年入杭州府中学，与郁达夫等同窗。1915 年考入上海浸信会学院。1916 年赴天津，进入北洋大学预科。1917 年随学校合并进入北京大学法科，拜梁启超先生为师。1918 年赴美留学，两年后为追随罗素而到了英国，在伦敦大学、康桥大学（即剑桥大学）深造，获得硕士学位。在康桥两年，他深受西方教育的熏陶及欧美浪漫主义和唯美派诗人的影响。1921 年开始创作新诗。1922 年回国后在报刊上发表大量诗文。1923 年参与发起成立新月社，集中了当时文坛上的很多精英。1924 年与胡适、陈西滢等创办《现代评论》周刊，任北京大学教授。1925 年赴欧洲，游历苏、德、意、法等国。1926 年在北京主编《晨报》副刊《诗镌》，与闻一多、朱湘等人开展新诗格律化运动，影响到新诗艺术的发展。同年移居上海，任光华大学、大夏大学和南京中央大学教授。1927 年参加创办新月书店，次年《新月》月

刊创刊后任主编。1930 年冬到北京大学与北京女子大学任教。1931 年年初，与陈梦家、方玮德创办《诗刊》季刊。同年 11 月 19 日，由南京乘飞机到北平，因遇雾在济南附近触山，机毁身亡。

徐志摩是中国现代文坛最具特色、最有才华的作家之一，他是开一代诗风的“新月派”的主将，被誉为“中国的雪莱”，对我国新诗的发展做出了不可磨灭的贡献。他谈话是诗，举动是诗，一生都是诗，没有他的诗坛是寂寞的。他的诗风格欧化，在艺术形式上富于变化，但又不失整饬；语言清新，洗炼，以口语入诗，但又不失文雅；音乐性强，但又不囿于韵脚，追求内在的节奏感和旋律美。他的大量诗作在情感的宣泄、意境的营造、节奏的追求和形式的探求等方面，都为后世留下了珍贵的启迪，体现了其特殊的美学价值。

他的小说作品虽数量不多，但也颇有新意，既有散文化特色，又有西方现代小说的意味。他喜欢用诗的句型、艳丽形象的比附、抒情的笔调，因而，在作品中，多带有浪漫的抒情色彩，具有“独特的华丽”的格调。

他热爱交际，在他的交友名单里，几乎囊括了所有民国同时期杰出人士的姓名。他感情经历丰富，和他相关的女人都是名门才女。他把爱情演绎到了极端之处，情烈时是极端的快乐，情去时是极端的悲哀。在这欢喜悲哀中，徐志摩上升为一位情圣式的诗人，他的故事也总是被人提起、叹赏、吟诵。即使在很多年之后，与之有过关联的张幼仪、林徽因和陆小曼，也一再被人们提起。徐志摩的《翡冷翠之夜》、《爱眉小札》更是为后人提供了恋爱的最高典范。

本书记述了徐志摩的一生，从出生到求学到离世。同时，文中还收录了徐志摩的部分经典诗作，会让你看到一个充满文采、充满激情、充满智慧的徐志摩。

目 录

你的明媚，我的忧伤

关于婚姻，关于自由

1988年，纽约的一份中文报纸登载了一篇报道：

“据《纽约时报》二十四日报道，近代中国著名诗人徐志摩的元配夫人张幼仪女士，已在上周六（二十一日）因心脏病突发病逝于纽约的曼哈顿寓所，享年八十八岁……”

张幼仪去世了。

她的离开，终于定格了近代中国文坛上一幅鲜活的情感画面，而那出被几代人评讲的、关于自由与爱情的现实剧，也仿佛随着她的离开，终于散了场。

张幼仪是这出戏中最早登台的演员，最后离场的角色，但她似乎从不是戏台上的主角。直到她谢幕的那一刻，也直到今天，她的名字仍然与“徐志摩元配夫人”的头衔形影不离。不能怪世人忽视幼仪的光芒，只是与她同台的徐志摩如同喷薄的朝阳般，太耀眼。生活在他周围的人，难免陷入他制造的阴影中。其实，不单是张幼仪，哪一个与徐志摩有关的女人，在被人提及时不带着一点儿徐志摩的味道？更何况是被徐志摩拿来、为“新思想”祭旗的张幼仪。

张幼仪最初登场的那一年是1915年。那一年，袁世凯正为了他的千秋帝国梦，紧紧攥着跟日本人签订的“二十一条”；陈独秀在《青年杂志》上竖起了人权与科学的旗帜；孙中山与宋庆龄刚刚在东京举行完婚礼……

国是大家的国，家是个人的家。帝制，人权，科学，这一切似乎都与海宁硖石徐家的婚礼无甚关联。若一定要说有关，也不过是这场婚礼多少受了些时髦的西洋观念的影响，脱离了中国传统婚礼的形式，是一场“文明”的西式婚礼，没有“拜堂”。

十六岁的张幼仪纱裙曳地，那份被热闹的人群与欢乐的仪式催发出的兴奋、好奇与不安，化作红晕爬上了她的脸庞。尽管她有好几次忍不住想要打量身旁的丈夫，但婚礼的规矩与礼仪阻挡了她的视线。年轻的新娘能做的，只是低顺着眉目，安静等待仪式的结束。

这场婚礼对于张幼仪来说，或许有点突然。在得知自己将要结婚的消息前不久，她才刚刚说服父母，送她去苏州的女子师范学校上学。尽管幼仪深晓，作为女人，自己的前途并不在家人的期望中，因为“女子无才便是德”是牢牢扎在父辈的心里的女德标杆，千百年了，没有变过。但是，在她生命底色中，潜伏着一种特质，应和了汹涌灌进中国的西方新文化。这让她鼓起了勇气向父母提出上新式学校的要求。

在学校里受到西方教育的张幼仪，聆听了新的主张，但对婚姻的观念，她顺从了中国传统女子的另一种特质——父母之命。不过，确切点说，帮幼仪挑选夫婿的是她的四哥张公权。幼仪还记得那天，她的四哥兴冲冲地从外头回来，告诉她，硖石商会会长徐申如的独子徐志摩，一表人才，气质不凡。论人，他配得上张家的女儿；论家世，海宁首富徐家也配得上张家的显赫的声望。张幼仪，这个聆听了新思想的女性，此时听从了旧言论，甚至没有一点怀疑。

她的丈夫……张幼仪还是忍不住悄悄地将视线移向了身旁的徐志摩。与所有旧中国的婚姻一样，她在婚前与这个男人并没有交集。现在，她也只是看到一个清瘦的侧影。她的丈夫有圆润的额头，鼻子很挺，俏俏地立着，薄的嘴唇抿出温柔的线条。尽管她不了解他，但也并非一无所知。毕竟，徐家公子、硖石的神童、十三岁就写得一手好文章，有谁没听过呢？现在，他已经是燕京大学的预科学生了。他的学问应当要比自己好的，他的思想自然也超在自己的前面；将来，

他还要留洋去的。所以，这时的幼仪最担心的，或许并不是丈夫的为人与前程，四哥疼她，替她看中的人不会有错。显然，她现在最在意的，是她能否跟上这个聪明而新潮的丈夫。

同时，张幼仪的心里对二哥张君劢的感激之情，在今天涨到了顶点。二哥在她三岁那年解开了家人裹在小幼仪脚上的厚厚白棉布，放开了她的小脚。所以今天，她有了一双大脚。尽管这双大脚曾被家里的婆婆、姨妈、姐妹们很是嘲笑了一番，但大脚代表着“新式”呢。所以，今天的她站在这场西式的婚礼上，与西装革履的丈夫，看上去才能如此般配。

张幼仪此刻庆幸她有一双大脚，可她没有想到的是，她这位思想解放的丈夫从一开始，就没有将她的那双大脚放在眼里。就是到后来，也没有。

徐志摩不时瞅瞅身旁的新娘，想起两年前，父亲递给他一张姑娘的照片，说那是他未来的妻子。照片里的张幼仪看不到特别的好，但也不难看。只是生得有些黑，嘴唇似乎也厚了一些。其实，幼仪长着一张典型中国少女的脸，圆润而柔和，沉静的眼里刻着大家闺秀应有的大气端庄。可徐志摩没由来的一阵嫌恶。

他知道，这是父亲精心的安排。徐家的生意，张家的声望，门当户对，天作之合。但他并不满意这样的安排。这与他在学堂里学到的自由精神相距太远。如果这桩婚事被安排在十年以后，徐志摩也许会高喊着：“我要追求爱的自由与婚姻的权利。”并拒绝父母送给他的新娘。但此刻的他，没有。

也许是他的理想与追求还不够坚韧，也许是父母的命令与张家显赫的声望一起制成的牢笼太坚固，总之，那天他只是将自己的不满，变成了下垂的嘴角，吐出了一句：“乡下土包子。”他与所有中国包办婚姻中的男人一样，甚至没有花时间去了解未来的妻子，便用自己的妥协，将张幼仪日后的生命轨迹，扯进了自己的命运航道中。

这是一场西式的文明婚礼，却脱胎于一场旧式的中国礼制。这或许是徐志摩在面对这次婚姻时，最大的心结。这个结，不但捆住了他与妻子的情感交流，更捆住了他理想中的自由，阻挡他进化成新青年的通道。他觉得，自己尽管穿上了西装却与自己的灵府如此不搭调。新式的衣装，与这骨子里的旧，让自己显得这样滑稽。

徐志摩与张幼仪一起向“旧”妥协了。在那样一个新旧交错的年代里，徐志摩或许并没有意识到，自己将要对抗的东西究竟是何等深刻，或许，他同样没有意识到，当他妥协的那一刻，他与“小脚”的女人并没有质的差别。但徐志摩毕竟曾立志，要“冲破一切旧”。只是在他还没有找到冲破的方式时，一切就在他毫无思想准备时发生了，而他灵魂的一部分仿佛还留在北京的锡拉胡同里。那里，住着蒋百里。

蒋百里是徐志摩姑丈的弟弟。他在早年留学日本期间，结识了当时因戊戌变法失败而流亡海外的梁启超，并拜梁启超为师。回国后，蒋百里时任保定陆军军官学校校长，袁世凯总统府一等参议。他的身体里流淌着尚武的血液，怀抱着爱国的热诚。更难得的是，学贯中西的蒋百里，在作为一个军事家的同时，在文学与史学方面也有极高造诣，他的书法也深具晋人气韵。

徐志摩在 1915 年考上燕京大学预科班时就住在蒋百里家。平日里，徐志摩与蒋百里谈时事，聊文学，评历史，讲政治；他敬蒋百里，爱蒋百里，虽然蒋百里长徐志摩十四岁，可徐志摩与他甚是亲近，无话不谈；他是徐志摩口中最亲的“福叔”。与蒋百里的交往，让当时的徐志摩意识到政治的重要性。在一次闲谈中，蒋百里曾对徐志摩说：“青年有了真才实学才能展鸿鹄之志，救国救民。你何不与他们一起出洋去，学西洋之长为己所用。”

这话正说到了徐志摩的心里，此前，他已经有了留洋的想法。当初，他之所以报考了燕京大学的预科班而非本科，就是因为当时的

燕大预科班注重外语的应用，学成之后可以尽快地留洋；此番，加上蒋百里对他的影响，徐志摩更是觉得他在北京的求学生活充满了奋斗的热情。他在锡拉胡同与学校图书馆两头跑，埋头在西方新思想中，闲暇时与友人聊聊戏剧界的“菊选”，别人爱梅兰芳，他独爱杨小楼；兴致到了还会跟朋友打打网球……

福叔劝他留洋时的神情还在眼前，杨小楼的腔调似乎还萦绕耳边，燕京大学图书馆里的墨香还都能闻见，怎么一转眼，自己就与这个不爱，甚至不认识的女人站在一起了？做梦一样。父亲频频的电报是催命的符，那些“男大当婚”、“识大体”、“有利家业”的话是魔咒；祖母最疼自己，可她殷殷的期盼却把那份深厚的荫慈变成了最重的包袱。于是一切就这样发生了。其实徐志摩心里清楚，与张家的联姻，不过是他的父亲在为独子规划前程的棋盘中，落下的一颗棋子而已。

父亲徐申如是个精明的商人，他的一生都在用精准的眼光打造生活中的一切。在他所有的实业中，有两件事最值得骄傲：第一件，是他在 1908 年联合了海宁的绅商，克服了重重阻力，硬是让拟建中的沪杭铁路生生拐了个弯，穿过了硖石，成就了海宁硖石地方几代人的福祉；第二件，便是儿子徐志摩。别的不说，单单是他为了让儿子的书法水平有所长进，便将当时的上海寓公、后来的“伪满洲国总理大臣”、著名书法家郑孝胥，聘作儿子的书法老师。这次，尽管儿子已经与张家小姐有了婚约，尽管他本应让儿子尽早将张幼仪娶进门，但他仍然顶着张家人的反对，亲自将儿子送上了北京最好的大学。可以说，这个精明的父亲在儿子的培养上，同样用上了他聪慧的经商头脑。现在，父亲觉得是时候让儿子回来成亲了。

张家现在的名望不一般。看中自己儿子的张公权是当时的浙江都督府秘书，将来大有作为；而张幼仪的兄长张君劢则是有名的法学家，与梁启超过从甚密。徐申如再次以他精准的眼光，准确地预见了未来的张家兄弟在中国未来的政界与财经界中，呼风唤雨的地位。与这样一个有钱权有名望有修养的上流社会家庭联姻，徐申如没有再拖延的道理。于是，给儿子派几封电报，对他进行几次动情地说理，徐申如便为他自己谋回了一个好儿媳。

这种境况下的徐志摩，挣扎在传统与现代之间，他成了那个变革时期的精神缩影。或许很多东西可以在朝夕间改变，但也有许多东西无法轻言抛弃，比如孝道。这一点，即便是在他走出硖石，跳进那些欧洲思想家行列的那一天，也仍然无法割弃。

但他仍然得做些什么。于是，一场热闹的婚礼之后，他选择了冷漠。

冷漠，婚姻的唯一韵脚

冷漠，是这场婚姻唯一的韵脚。它的第一个音节奏响在张幼仪死寂的新房里。新婚之夜，洞房的花烛下，徐志摩一句话都没有对幼仪说，幼仪也不知该用什么，来打破她与这个陌生丈夫间的沉默。后来，徐志摩离开了，躲进了奶奶的房间。只是，他的坚持仍是敌不过长辈的希望。几天后，徐志摩在佣人的簇拥下，踏进了新房。

两年后，张幼仪怀孕了。关于这一点，浪漫的诗人有自己的解释，他说："爱的出发点不定是身体，但爱到了身体，就到了顶点；厌恶的出发点，也不定是身体，但厌恶到了身体，也就到了顶点。"

徐志摩并没有因为肉体而将他对幼仪的爱推到顶点，相反，他对张幼仪的厌恶，却因肉体达到了顶点。有一次，徐志摩在院子里读书，忽然觉得背痒，于是便唤佣人帮忙。一旁的张幼仪想，这样的事情何必佣人动手，于是便凑近了替丈夫解痒。可是她没有想到，徐志摩仅仅用一个眼神，便拒绝了她的献出的好意。那个眼神轻蔑、不屑、冰冷刺骨，多少年以后，张幼仪回想起来，仍然不寒而栗。

幼仪其实是个很好的太太，但凡认识她的人总是对她印象极佳。时人曾评价张幼仪："其人线条甚美，雅爱淡妆，沉默寡言，举止端庄，秀外慧中，亲故多乐于亲近之……"徐志摩的好友梁实秋也说："她是极有风度的一位少妇，朴实而干练，给人极好的印象。"幼仪也是个很好的儿媳妇。她在徐家克守着一个好儿媳的本分：她帮着公公徐申如操持庞大的家族生意，照顾婆婆，管理徐家的下人，家事人际操持得井井有条。为了照顾公婆，她甚至放弃了继续上学的机会。婚后的幼仪曾经写信给苏州女子师范学校，表达了继续学习的愿望。但校方提出，幼仪必须重新修业一年，修满两年课才能毕业。新媳妇要离开公婆两年，这对幼仪来说实在难以接受。于是，她从外面的世界退回了硖石的老宅。幼仪的大脚并没有使她踏出自由的脚步。

幼仪是公婆眼中的好媳妇，甚至可能是许多人眼中的好妻子，但她却不是徐志摩心中的好太太。在徐志摩眼里，幼仪嫁过来以后很少笑过；她办事主动，有主见，就像《红楼梦》里的薛宝钗。但徐志摩要的，是一个能与他的思想共鸣，与他的浪漫情调合拍的女人；他的妻子应该有思想，有个性，应该是个开放，新潮的新女性；但张幼仪只是宝山县首富张家的小姐；她的偶像是《红楼梦》里的王熙凤，她的人生在徐志摩的眼中，始终沾染着铜臭；她的角色在徐志摩看来，不过是纠缠于家业中，翘着双腿对下人指手划脚的管家婆。因此，张幼仪无论再怎样地温顺体贴，恭俭礼让，她在徐志摩眼中，也不过是旧婚姻的傀儡，旧制度下的陈旧女性。这个妻子于徐志摩，不过是个“守旧”的代名词，平庸而乏味地立在了浪漫与自由的对立面。他与她的思想，分明是站在时间的两端，空间越近，心灵越远。于是，一座旧式婚姻的围城困住了两个人。

可浪漫的诗人不会甘心被围城关住，他在迟来的洞房之夜里完成了传宗接代的任务后，几乎是立刻离开了硖石，就近去了上海沪江大学继续他的学业。1916 年秋天，他考入北洋大学法科特别班。第二年，由于北洋大学预科部并入北大，徐志摩再次北上，进京学习。只是这一年，他的福叔因为袁世凯的复辟举动，离开了北京。

福叔的离开，让徐志摩失去了一位可以倾谈的对象，但这并没有给徐志摩造成多大困扰，相反，他这一年轻轻松松便过完了。他家境殷实，没有温饱的烦扰；他为人聪慧，选着自己爱学的课；他志向高远，以留洋为盼，精神亦有所寄托；更何况，他通过张幼仪的二哥张君劢，拜入梁启超门下做了入室弟子，身价与前途都像闪光的星子

一般耀眼明亮。海宁硖石保宁坊徐家老宅里那座阴郁的婚姻牢笼，都似乎被顺心生活的阳光融化了。就在他拜师不久，1918 年 8 月，徐志摩终于搭上了载他留洋的南京号去了美国，留下了老宅里的张幼仪，依然寂寞。

丈夫离开了，张幼仪没有回忆可守。两年的婚姻生活中，她能想起来的仅仅是丈夫的冷眼与漠视。在丈夫出国留学的日子里，留在硖石的张幼仪所拥有的最多东西，便是时间，但他的丈夫没有给他年轻的妻子留下任何可供她打发寂寂年月的念想，除了他留给她的儿子徐积锴。徐志摩去美国时，他的儿子刚刚满四个月。可这个儿子也不过是徐志摩为尽孝道不得不履行的婚姻责任。

“责任”二字在旧时的中国是大多数婚姻得以延续的支撑。如果徐志摩没有出国，如果他日后没有遇到那些，“偶然投射在他波心的云影”，他是否能依着这“责任”二字，成全了幼仪平淡的生活？我们不知道，但我们知道，“责任”二字却牢牢地将幼仪锁在了他与徐志摩有关的所有事情上，仿佛是前世欠下徐志摩的情债，今生用了她所有的时间来一一偿还，直到徐志摩死去。

很多年以后，张幼仪的房间里仍挂着徐志摩的油画，在她的台桌玻璃下，压着有关徐志摩的消息。戏台上的演员来来去去，张幼仪始终站在一个属于她的角落里，固守着传统女人对生命中第一个男人的执着，演着她的独角戏。幼仪在这场戏里，仅有一张与徐志摩的合照。那张照片里，她戴着圆顶帽子，虽然沉静但却带着难掩的腼腆，甚至有些不安地，在嘴角扯出一道看似笑容的曲线。她身旁的丈夫徐志摩脸上挂着浅淡的笑。这张照片摄于 1920 年，彼时两人结婚已经有 6 年，但照片中的他们，身体语言显得如此拘谨，像是一对不相熟的人被凑在了一起……

1920 年冬，徐家老宅里接到了徐志摩的一封信。或许这是丈夫从海外寄回的信中，最熨帖幼仪心灵的一封。信中说道：

“父母亲大人膝下：

儿自离纽约以来，过二月矣！除与家中通电一次外，未尝得一纸消息。儿不见大人亲笔恐有年矣。儿海外留学，只影孤身，孺慕之私，不俟罄述。大人爱儿岂不思有以慰儿耶？……从前铃媳尚不时有短简为慰，比自发心游欧以来，竟亦不复作书。儿实可怜，大人知否？即今铃媳出来事，虽蒙大人慨诺，犹不知何日能来？张奚若言犹在耳，以彼血性，奈何以风波生怯，况冬渡重洋，又极安便哉。如此信到家时，犹未有解决，望大人更以儿意小助奚若，儿切盼其来，非徒为儿媳计也……”

她的丈夫写信来，要她去陪他了。

丈夫走了两年，他每次写信回来的开头都是“父母亲大人”，每次只到信的最后才提到自己，每一次信中对儿子的观照要比对自己的多上许多，可这一次，虽然信的开头仍是“父母亲大人”，但信纸上却满满的，尽是要她出洋去陪他呢。

这封信似乎吹走了幼仪心头那层从新婚当天起就布下的尘土。于是，她变得比往日轻快，心里有了以往从不曾有过，甚至不敢有过的希望。在这以前，幼仪从来不敢问公婆她是不是能够去陪丈夫，即使是丈夫来了这样一封看起来殷殷迫切的信，她仍是不敢问。幸好，还是疼她的二哥张君劢劝服了公公。1920 年冬天，幼仪终于也踏上了渡洋的甲板。她要先到法国马赛，再转飞机到英国。

轮船整整在海上走了 3 个星期。这 3 个星期里，幼仪把与丈夫相见的情境，把他们未来的生活翻来覆去地想了不知已有多少遍：“志摩出国有两年了，他一定有了变化，胖了？瘦了？他一定是想家的，想阿欢（徐积锴的乳名），或许……也想我；他一定需要我，否则他怎么会专门写信要我去陪他？我要告诉他，我接到他的信后，下了决心要出来，就连阿欢我也放下了。他还小，但婆婆她们可以照顾；这海船

真的不好坐，晃得人直晕……他让我来陪他，他需要我，我们的日子可以重新开始了。或许，我在外头可以和他一样去上学？这样，他会更喜欢我了，他喜欢有思想，开放一点的女人……”幼仪靠着栏杆，一道黄昏的光影静静铺展在甲板上。远处的海面上，出现了蜿蜒错落的海岸线。

船靠岸的时候，幼仪隔着层层的人潮，一眼就看见了她的丈夫。他穿着一件瘦长的黑色毛大衣，脖子上围了条白丝巾，站在人群中，那么显眼。丈夫很好认，并不是因为他的衣着多么显眼，只是因为他的神情于幼仪而言那样熟悉，又与接船的人群那样不一致。很多年以后，张幼仪回忆起那时她看到的徐志摩时说：“他是他们当中唯一露出极不愿意到这里来的神情的人。”

如果幼仪的心曾经轻快过，那么此刻，它狠狠地砸到地上，发出闷闷的一声响。那些日日遥想的倾诉，那些憧憬与希冀，都随着心的落地变得悄无声息；如果那封信曾经让她产生了不切实际的幻想，那么如今，人群中的徐志摩，远远地，便用那种仿佛永远不会变的冷漠表情，惊醒了她的梦。

沙士顿的“同居”生活

在英国伦敦郊区有个地方叫Sawston，徐志摩说，那里是“沙士顿”。他还说，那里有座小屋，是他与张幼仪同居的地方。“同居”，并不是用来形容夫妻共同生活的词。像徐志摩这样，将爱情视作宗教的人，在情感上始终也没有承认过他与张幼仪的婚姻。

在他眼里，那场婚姻徒有一个空洞的躯壳，张幼仪只是一个与自己同住在一个屋檐下，以合法的方式生活在一起的女人。当初在硖石老家，他就从未曾用正眼瞧过张幼仪。他的视线也总是像掠过空气那样，掠过这个父母送来的妻子。但现在，他得把这个与他不搭调的女人接到身边来，在这个异国郊区的小屋里，日日面对面，怎么想都不是滋味。

“这个女人为什么就不能有些风情呢？在马赛接到她的时候，她竟还穿着土气的旗袍，说什么，那是她精心挑选出的。既然到外头来，就得有点洋气不是吗？这身旗袍太不入眼，与法国的气质太不协调。还是带她去买了一身当下时髦的衣裳，圆顶帽，连身裙，黑丝袜，亮皮鞋。挺好，可你瞧她那个样子，别别扭扭，不知道新潮，不知道接受外面的好。

她连照个相，都拘谨成那样。不就是靠近一些拍个合照？多正常，多简单的动作。既然你把我当丈夫，亲近一点又有什么关系？你看法国大街上的情侣，哪个不是见了面，先来一个热烈的拥抱。可她，还守着那份家教。传统，矜持压抑，这样的女人，死守在传统里，不知道要逃跑。

既然来了，就让她见识见识外头的风景和人事，所以带她走了一圈。看埃菲尔铁塔，看巴黎圣母院，看凡尔赛宫，看枫丹白露。这些景致很好，但她不懂这里的历史、故事与情调。也懒得与她细讲，走马观花，匆匆看了一圈，还是早点转飞机去英国的好。”

直到很多年以后，徐志摩还记得那次乘机的经历。他记得，张幼仪从一上飞机开始，就窘迫得拎不清。腿痒去抓，结果，那细腻的丝袜就因她的粗陋破了洞。那双脚，在柔软的皮革里不安份地扭动。她后来竟是要吐了，可她居然抓过了帽子，幸亏还算机灵，换了纸袋……“你真是个乡下土包子……”他终于没有忍住，还是说出了奚落的话。结果，他话还没说完呢，自已竟也吐了起来。后来，徐志摩回国当老师的时候，在一次课堂上跟学生们说起这次经历，他对自己的这次出糗这样解释：“想来是因为天气恶劣……这一路吐着，从巴黎吐到了伦敦。”但他没有告诉学生们，他因这次吐，而被那个他看不上的女人小小回击了一记：“我看你也是个乡下土包子。”那话音里，分明有点报复的小小快意。

那次飞行，一路，无话。

飞机落了地。徐志摩站起来走向舷梯。机场来了两个中国人，是接机的友人。他很开心，一扫飞机上的沉闷，脸上生动了起来，几乎是冲下了舷梯。与来人拥抱，用的洋人的方式；他们的交谈，也用洋人的话。张幼仪静静地立在一边，她无法参与，她没有被介绍，她仿佛不存在。窘迫，无聊，那个男人为什么一直提他的裤子？另外那个人的脸为什么一直在抽搐？好不容易得了空当，问丈夫：“这是你的朋友吗？”可她只等来一个轻蔑的眼神。丈夫扔下她，转身离开。她步步跟上，心想，那样举止没分寸的朋友，也入不了她的眼的。

看起来，丈夫还是那个在硖石的丈夫，但她可以变成更新潮的她。她没有缠过脚，她也上过师范学校，如果能在英国好好读几年书，学识和修养都丰富起来的话，就一定能配得上他。张幼仪以为自己总有一天可以跟上丈夫的脚步，可慢慢地，她就会发现，她被隔绝在丈夫的心门之外，就连敲门的机会也没有；慢慢地，她还将发现，她的到来，竟无意间挡在了丈夫追爱的路上。而此时，她只是想不明白，既然不是思念，既然不是需要，丈夫那封盼着她早日出国的信，又要如何解释？其实，这一切都是二哥张君劢的好心成全。

这还得从 1918 年说起。

1918 年 9 月，徐志摩搭乘的南京号抵达了美国。父亲送他出洋留学，希望他将来进金融界，他自己的最高野心，也是想做一个中国的 Hamilton（汉密尔顿，美国华盛顿时代的政治家，对美国的建国方略起过不可估量的作用）。他在那里进了克拉克大学历史系，毕业后又到哥伦比亚大学入了政治学系。当时的徐志摩，规矩而勤奋。他每日“六时起身，七时朝会，晚唱国歌，十时半归寝，日间学勤而外，运动跑步阅报”。这样剔励自重，也难怪他后来只用了半年的时间，便得到了哥伦比亚大学的硕士学位。

就在徐志摩留美期间，1919 年 4 月，他收到了张君劢的来信。信中说，张君劢计划到美国来，顺带还提到，希望徐志摩能将他的妻子张幼仪接到国外来一起生活。

彼时，第一次世界大战刚刚结束不久，张君劢正与老师梁启超在欧洲考察。这次考察让他得到一次机缘——跟随著名哲学家倭伊铿学习，并留在了德国。张君劢对他的这位妹夫本来怀有极深的信赖。他不仅是徐志摩的妻舅，还是“挚友”，他更是在徐志摩的求学路上做了一回引路人——是他亲自把徐志摩引进了梁启超的门下。因此，他认为他了解徐志摩，他认为既然徐志摩如此向往西方，那么他一定也希望自己的妻子一起到国外去，与他一起了解西方，学习西方的种种。

一切只是他认为。可能，他的确很了解他这个妹夫，但他唯有一

件事没有了解：他的妹夫在婚后没多久，就对着妻子张幼仪说："我要做中国第一个离婚的男人。"张君劢或许对徐志摩反传统的"叛逆"性体察甚深，但他却未能真正了解，徐志摩血液中的叛逆因子，已然让他不惜用最冷酷的方式，去对待他无辜的妻子。如果他知道他的好心成全，会间接划出张幼仪生命中最深的一道疤，那么或许，他会重新考虑让妹妹到徐志摩身边去的计划。

但正因为张君劢料不到，所以他在张幼仪的出国一事上，倾注了最大的热情。在张君劢留学德国约半年后，他有机会回了一趟家。时值 1919 年，国内爆发五四运动期间，张君劢因国家的革新潮流而感到兴奋，但他在为国事振奋的同时，竟还问起了妹妹的家事。也正是那一次，他得知徐志摩并没有如他所认为的，让张幼仪出国团聚。

他敏锐地嗅到了这对夫妻之间的不和谐，闻出了徐志摩可能会在国外"分心"。于是他坚定地对妹妹说："你非出去不可。"接着，他在这边，劝说了徐申如放儿媳出国，以"提醒徐志摩对家庭的责任"，毕竟年轻夫妻分开久了不好；在那边，他频频与徐志摩通信联络，以责任与情感为筹码力劝他接妻子出国。就这样，徐志摩写了一封情辞恳切的信，将张幼仪拉了出来。

那时徐志摩为了追随罗素，已经到了英国伦敦。

张幼仪便这样出国了。一切在她的意料之外，若不是哥哥让她非得出去，若不是丈夫真的有信来，若不是公婆首肯，她是绝不敢动这样的念头。无论如何，她出来了。现在，她跟丈夫住在那个叫沙士顿的伦敦郊区。但是，她在过洋的轮船上想到的新日子真正展开时，全不是她想的样子。很多年以后，张幼仪再次回到这里，竟再也无法相信，当年的她真的曾经这样安排过自己的生活：

张幼仪在徐家是太太，在这里却变成了佣人。她每天坐着公共汽车去市场，再拖着食物回家，安排一日三餐，洗衣扫地。繁忙的家务占去了她全部的时间。她原来想学点英文，可是教课的家庭老师嫌路远，竟然不来了；她原本以为，夫唱妇随，跟着丈夫一起学点西方的文化，可是，每天干的竟是这些。她什么也没有学成，知道的东西少到不可思议。她甚至不晓得客厅壁柜里那个奇怪的机器是吸尘器，所以一年多了，她一直用扫把打扫屋子；她还以为，离了公婆，少了拘束，丈夫可以对她再亲近一些，但少了拘束的只是丈夫。他在家里来来去去，全凭兴致，好像她不在似的。

幼仪白天很少看到徐志摩，他总是在学校，直到黄昏时分才会回来。徐志摩不在家的时候，幼仪一个人待着，家务忙得她脚不着地；就算徐志摩在家，幼仪也还是一个人。他对她跟在家乡的时候一样，沉默，冷淡，哪怕是当天的饭菜不好，徐志摩也不发表任何意见。那样的时刻很奇怪，丈夫在身边，幼仪却那么寂寞。或许是徐志摩也觉得这样的气氛不妙，于是便找了一位叫郭虞裳的中国留学生来同住，为的只是避免二人之间，空气一样无处不在的沉默。也是从那时开始，幼仪才有了一个可以陪着她买菜、聊天的人。

幼仪觉得，她的丈夫之所以还能每天回家吃饭，或许是因为当时他们的经济条件有些拮据，亦或许是因为，她烧的饭菜还算符合丈夫的胃口。但徐志摩即便待在家里，也并不与幼仪交谈，因此幼仪无法把她的任何想法告诉徐志摩。张幼仪出身名门，家里有博学多闻的兄弟，她可以与兄弟们无话不谈，但她只要在丈夫徐志摩面前开口，得到的回应永远是：“你懂什么？”“你能说什么？”其实，幼仪并不是什么都不懂。到伦敦不久后，她便很敏锐地觉察了徐志摩行动的不合理之处。徐志摩每天一大早便出门，即使当天不上学，他也是吃完早饭就出门。这时候，徐志摩难得地热心，会告诉他的妻子一声，他要去理发店。

每次理发都要去理发店吗？丈夫完全可以在家里，让她帮忙理发。更何况，他们每月都得等着徐申如寄钱来花，因此，更是当省则省。徐志摩的举动令幼仪不解，但她最终还是猜到了，这与他的女朋

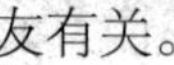

友有关。

张幼仪与徐志摩的婚姻一直这样空洞乏味地进行着，徐志摩的心从来未曾停留在幼仪身上。现在，他的心更是飞了，飞到书本上，飞到文学上，飞到他一直藏着的那个女朋友的身上去了。

小脚与西服不搭调

他的女朋友，名叫林徽因。《诗经·大雅·思齐》里唱:“思齐大任，父王之母。思媚周姜，京室之妇。大姒嗣徽音，则百斯男。”那个美丽的名字，就从这里来，很久以后，她才把自己的名字改成了“徽因”，据说是为了与当时一位有名的男性作家“徽音”区别。

林徽因与徐志摩走得很近，虽然后来她否认了自己对徐志摩的爱情，说那只是对徐志摩才情的单纯倾慕。但在幼仪看来，她与徐志摩之间的交往，显然已经是恋人才有的举动；她更是认为，林徽因当年给了徐志摩一个爱的承诺。

不管幼仪对林徽因的猜测是不是事实，但至少徐志摩对林徽因的确动了感情。他深深地陷入了恋爱，爱上了那个 16 岁未经人世的清纯少女。

恋爱中的人总是陷入不可救药的无理性之中？因为他们只看得见自己想看见的东西。徐志摩也是这样。当他中了名为“林徽因”的毒时，便只看到林徽因对自己的倾慕，却看不到一个情窦初开的少女，在第一次面对男性追求时的懵懂与迷惑，所以他的爱因她的倾慕而更加热烈；他中的毒，令他只能看到自己的妻子，在这场关乎理想的爱情中变成了他的死穴，却看不到林徽因由于早年的家庭阴影，再也无法接受任何形式的家庭裂痕。于是，一个在他心中蛰伏许久的想法，终于在沐浴了“自由之爱”的阳光后，破土而出。

“做中国第一个离婚的男人。”现在，他要实现这个想法，当然，这是为了理想。当然，这也为了林徽因。他现在要做的，只是找一个

时机告诉张幼仪。可偏偏在这个时候，张幼仪怀孕了。

“把孩子打掉。”几乎是立刻，徐志摩在听到幼仪怀孕的消息后，便做出了这样的指示。

幼仪看着丈夫一脸的不耐，仿佛全身的力气都被抽走，脑袋空茫茫的一片。她想过丈夫在听到她怀孕时可能有的反应，比如他可能会有点高兴，他可能会和她一样不安，他会送她到其他地方养小孩，他可能会让她回硖石，但她绝没有料到是这种反应，就如同她当初没有料到丈夫根本不希望她来伦敦一样。她永远不懂他。她不知道她的丈夫为什么会做出如此狠心的决定。她对他一直很忠诚，他们的生活也没有到养不活孩子的程度，为什么要打胎？打胎可是会死人的。

“我听说，有人打胎……结果死了……”幼仪心里发凉。

徐志摩现在对张幼仪很没有耐心：“还有人因为火车出了事故死掉的，难道大家就都不坐火车了吗？”他说完，转过脸去不再看幼仪。

我们的确无法想象，怎样冷酷的灵魂才会将坐火车，与杀死母亲腹中孕育的生命联系在一起；但我们现在完全了解，如今的徐志摩，为了他的“理想”，已经陷入何等的非理性之中。不过，徐志摩在离婚这件事上，却仍保持着必要的清醒。现在，什么都无法阻止他。就在得知幼仪怀孕后不久，徐志摩毫不犹豫地向幼仪提出了离婚。他给的理由是：“小脚与西服不搭调。”

“小脚与西服不搭调”这句话，其实是从幼仪嘴里说出来的。

那天，徐志摩请了当时在爱丁堡大学留学的袁昌英来家里吃晚饭。幼仪以为，她就是丈夫的女朋友。晚年的幼仪已经记不得这位客人的名字，她“唯一真正记得的一件事，是她的外表。”那位小姐，短发，擦着暗红色的口红，穿着一套毛料海军裙装。时髦的外表。可是，挤在她鞋里的，却是一双小脚！

是的，这位新式女子裹了小脚，幼仪差点放声大笑。“真是讽刺，就是这样一个女人吸引了丈夫？她难道不应该更新式一些吗？我是乡下土包子，那他带回来的这个女人，那双小脚，会比我的大脚更先进不成？她受过新式教育，会流利的英文，可我年轻的时候一样读过书，如果你当时鼓励我上学，让我好好学英文，我能学到的东西肯定不比你带回来的这个女人少！但，丈夫要纳妾，做妻子的没什么可说的，接受便是。在嫁到徐家以前，母亲便教过，在丈夫家里，女人的答案永远只有一个字：'是。'是了是了，你满意了，你娶便是。"

晚餐后，徐志摩把客人送走，回来后便问幼仪对刚刚这位客人的看法。于是幼仪说："她挺好。只是，那双小脚与西服不搭调。"

"小脚与西服不搭调。"这八个字，每一个都敲在徐志摩心里。这桩婚姻长久以来在他心里淤积的烦躁与苦闷在这八个字的振动下，呼地一下从他压抑的心里猛地直冲向脑门。他提高了声调，用从来没有过的尖利嗓音冲着幼仪大声地叫道："我就知道，所以我才想离婚。"

那层笼罩在这场婚姻上的雾，终于在徐志摩这声宣誓般的尖叫中散去。一个长久以来被隐藏的事实，也终于露出了尖锐的轮廓。

幼仪想不通，她从来不懂他。现在，她更是拿不准徐志摩的脾气。那天晚上之后，他们再没有说过话。几天后，徐志摩连早饭都没有碰，便出门了，从此以后，再也没有回来。几天后，同住的郭虞裳提着皮箱也走了，屋子里只剩下无依无靠的幼仪，和她肚子里的孩子。幼仪不知道自己可以去哪里，她不知道自己可以做些什么。就算只做一日夫妻也有百日恩情，更何况幼仪已经为他生了一个儿子，现在还怀着另一个，但徐志摩就这样一走了之，直到幼仪离开，都不曾出现。他没有给在伦敦举目无亲的幼仪安排生活的去路，只是将她放在那里，一直以来就那样放着，不闻不问。

无奈，幼仪给当时在巴黎的二哥张君劢写了封信，说徐志摩要和她离婚，说她怀孕了。她问二哥，她要怎么办。张君劢回信了，信的

第一句是："张家失徐志摩之痛，如丧考妣。"然后，他才说，幼仪你到巴黎来，腹中的孩子千万留住，二哥收养。于是，幼仪走了，离开了沙士顿的房子。身后的门轻轻关上，隔开了她生命中一段，最不忍回顾的旧生活。

离婚，笑解烦恼结

张幼仪再次见到徐志摩是在转年 3 月的柏林。一个星期以前，她刚刚生下了她与徐志摩的第二个儿子徐德生。在这个 3 月，幼仪迎接了一个新生命，也与一段旧式婚姻诀别。1922 年 3 月，由吴经熊、金岳霖等人作证，徐志摩与张幼仪在柏林签署离婚协议。徐志摩成为中国西式文明离婚第一人。

离婚，这在当时是个革命性的举动。在这些以革新，甚至以革命为口号的热血青年眼中，包办婚姻简直是对人权的压迫。它扭曲了人类的自由情感，亵渎了神圣的爱情。正如徐志摩所说："无爱之婚姻无可忍"，所以，"真生命必自奋斗自求得来，真幸福亦必自奋斗自求得来，真恋爱亦必自奋斗自求得来"！但是，"追求自由爱情"这几个字，还远远无法承担徐志摩式的青年对"进步"希望。

徐志摩嫌恶的是守旧的一切，与一切传统下的腐旧。要反对旧，可旧是什么？旧抽象得很，你必得找个形影，旧诗，八股文，旧婚姻……很不幸，那桩父母精心挑选并打造的婚姻，正撞到了徐志摩喷涌出的新思想的岩浆上；很不幸，何其无辜的幼仪成了那守旧的形影。

所以，徐志摩离成了婚，便是一场胜利。他登报发了个启示，还送给幼仪一首诗，叫《笑解烦恼结》。他在诗里对幼仪说："……毕竟解散，烦恼难结，烦恼苦结。来，如今放开容颜喜笑，握手相劳；此去清风白日，自由道风景好。听身后一片声欢，争道解散了结儿，消除了烦恼！"

所以，当这婚离成了，烦恼结解了，“旧”的阴影散了；所以，当幼仪在离婚文件上签下了自己的名字时，徐志摩会对她连声道谢，谢她帮助他对旧传统进行了一次猛烈而成功的打击；所以，在幼仪与徐志摩离婚后的很多年里，她与徐志摩的关系反而近了。他们会经常通信，与对方谈未来的打算与生活的琐事。徐志摩甚至还向人夸奖幼仪，说她是个很有志气的女子。他开始觉得这个女人可以稳稳地独立，会觉得她的“思想确有通道”，会觉得她什么都不怕，甚至觉得她有可能“丢几个炸弹，惊惊中国鼠胆的社会”；所以，那段旧式的婚姻是徐志摩心头的结，阻碍了他看到张幼仪身上已经拥有的和可能拥有的好。

离婚，在当时多少还带有点戏谑的味道。据赵元任的妻子杨步伟说：“那时还有一个风行的事，就是大家鼓励离婚，几个人无事干就帮这个离婚，帮那个离婚，首当其冲的是陈翰笙和他太太顾淑型及徐志摩和他太太张幼仪，张其时还正有身孕呢。”只要是旧式婚姻，就不管不顾地鼓励人家“解烦恼结”，这是不是也是那个时代的新潮文人，与时代一起生的病？当徐志摩要与成全了他自由大义的张幼仪握手相劳，欢庆解散烦恼结的时候，他觉得：“我解放了自己，也是解放了你。”但不知他有没有为这个被他牺牲的女人考虑过出路，考虑过公平。

推翻自己的包办婚姻，似乎是那个时代接受过进步西方进步思想的文人，在反对所谓的腐朽传统时，运用的共同武器，无论这些人的性格或是主张有怎样的差别。也许，这是新思潮在碰到旧体制时，本能竖起的倒刺，亦或许，这是一个新潮文人在被拉入一场旧婚姻时，仅有的可供选择的反抗方式。但无论如何，在这场新与旧的较量中，女性永远是角力的被动方。

无论是革命还是游戏，徐志摩离婚的举动在张幼仪眼中，不过是为了追他的新女朋友。多少年过去了，幼仪仍坚定地认为，如果没有新女朋友，徐志摩不会那样急着要离婚。什么理想与勇气，那不过是徐志摩为了追到她的女朋友而找的借口。这样的行为称不上壮举，如果他只是单纯地依着自己的意思，因这场婚姻里没有“爱”才离婚，那才是壮举。幼仪的想法不无道理，但却也并不能说与“自由勇气”完全无关。只是，当这一切被时代的镜头定格住时，“徐志摩为林徽因而离婚”便自然地被虚化，而“自由与勇气”的轮廓，则显得异常清晰。

与徐志摩离婚后的张幼仪，开始了自己的生活。她在张君劢的帮助下，入德国裴斯塔洛齐学院攻读幼儿教育，归国后在东吴大学教德语。再后来，她在四哥张公权的支持下出任上海女子商业银行副总裁，成为中国第一个女银行家。与此同时，幼仪还集资，在上海静安寺路开办“云裳服装公司”，任总经理。1934 年，她在二哥张君劢主持成立的国家社会党内任财务。作为女人，她的风光，一时无二。

但对幼仪来说，最值得安慰的可能是她在徐家的地位不但没有因离婚而丧失，反而更加稳固。徐申如认了她做干女儿，这使她在实际上，即便不是徐志摩的妻子，却还是徐申如的儿媳妇。她仍帮着徐申如料理徐家大大小小的生意，参与徐家大大小小的事务，甚至连后来徐志摩再婚，徐申如都不忘征求她的意见。张幼仪海宁硖石徐家少奶奶的地位，不可动摇。

或许有人会说，正是徐志摩的遗弃，才使得张幼仪成长。但毋宁说，是张幼仪自身潜藏的特质，让她在被遗弃的日子里，走向了独立。那种特质，在她少年时将她带进了学堂，但却在她的结婚后寂寂沉睡。于是她坚定地守着传统，或为侍奉公婆而放弃学业，或夫唱妇随做个无怨言的家庭主妇。因此，即使她走出了国门，却没有走出传统为女性划定的圈。而当她被自己信赖的传统遗弃后，她潜藏的特质及时地苏醒。正因如此，她才有可能理解徐志摩的思想，认同他的做法，从而接受徐志摩离婚的主张。但史重要的是，她再一次地，因这种特质

的苏醒而走上了新式女性的路。中国第一场西式的文明离婚中，不但有徐志摩的勇气，也有张幼仪的勇气。

至此，与张幼仪有关的剧情，缓缓落下了帷幕。她幸运地在这座舞台上，有了能让自己独自站立的角落。她在徐志摩给她的一时痛苦中，找到了通向一世幸福的路。现在，她所要做的，便是在属于自己的那方戏台上，静静地演好自己的故事。而另一边，徐志摩的人生戏剧，才刚刚进入主题。

你是爱，是暖，是希望

当爱遇到林徽因

有人说，爱一座城市，实际上爱的是这个城市里的某一个人。所以，在爱上城市以前，请先在这里谈一场恋爱。这样，你才能把心留给这座城市，而如果你的爱人没有离开这里，那么，你的心就永远无法从这座城市离开。

徐志摩说，康桥是他的爱。康桥令他觉得幸福，幸福得他从未忘记，以至于多少年后，当他重新回到这里，仍旧向它倾弹了深情的夜曲。这样的情感，或许正是因为他爱上了这里的林徽因。

感情很玄妙，有的人日日在你眼前，你却对他视而不见；可有的人，只一眼，便是一世的记挂。徐志摩从来没有想到，他为了追随罗素，从美国追到伦敦。罗素没有见着，但却认识了让他看一眼便记挂了一世的林徽因。

那天，徐志摩听说国际联盟同志会理事林长民先生，将在伦敦国际联盟协会上发表演说。这位人称“书生逸士”的林长民，在当时提倡宪政、推进民主、热心公益；他与徐志摩的老师梁启超是政治上的知己，生活中的挚友。徐志摩早就仰慕这位前辈的人格魅力，这次听说他来伦敦演讲，便拉了同在伦敦的陈西滢与章士钊一同去看。这一看，两人便成了忘年交。林长民很喜欢这位年轻的朋友，一见面便引为知己。此后，徐志摩便常到林长民的家里喝茶，聊天，说点政治，谈点诗艺。也正是这时，徐志摩认识了林长民的女儿——林徽因。

林徽因，系出名门，蕙质兰心。这年她16岁，跟着父亲到欧洲。依着父亲的意思，她到这儿来，为的是增长见识；同时领悟父亲林长民的胸怀与抱负，提升眼光加深与培养改良社会的见解与能力。这样的抱负，在徐志摩初见她时，想来也洞察不到。徐志摩在林长民家里见到的，只是一个16岁的少女。她16岁的面容，没有风霜与世俗尘埃，秀丽纯净；但她16岁的眼中，已有聪慧的光在闪；16岁，少女一身白衣，仿佛刚从烟雨朦胧的南国小巷里走出，带着一身水漾的诗意与清丽，优雅而灵动，如一件精美的瓷器。

那是一个关乎理想的时代，甚至连爱情都与理想有关。偏偏，徐志摩是个浪漫的理想主义者，所以很多人都说，徐志摩对林徽因热烈的爱只是一种理想。在他眼中，林徽因是新女性。她自小便受过新式教育；她16岁便跟着父亲游历欧洲，眼界开阔；她会流利的英文；她结交众多外国名士……不必说，这样的女人与张幼仪相比，一个天上，一个地下。所以，徐志摩恋爱了，第一次，以自由的名义，从他的灵魂深处，爱上了这个从自己的理想中走出来的女子。纵使他爱的，真的只是那个被自己理想化了的林徽因又如何？他生来便是为了理想而前行。

于是，徐志摩愈加频繁地出现在林长民的寓所。或许就连他自己都未曾觉察，究竟从何时开始，他的初衷从找林长民，变成了找林徽因。

徐志摩叫这个灵气逼人的女孩"徽徽"。有了徽徽的生活一下变得丰富起来。他可以与徽徽谈诗，谈艺术，谈书法，看戏剧，跳舞；他所有的情感可以向徽徽倾诉；他的理想与追求可以被徽徽理解；他每一次的激情迸发，都能得到回应……

浪漫的徐志摩开始了对林徽因的热烈追求。他想用自己的热烈换他的徽徽许他一个未来。可1920年12月，林徽因的父亲林长民给他去了一封信，信上说："足下用情之烈令人感悚，徽亦惶恐不知何以为答，并无丝毫 mockery（嘲笑），想足下误解了……徽言附侯。"看来，徐志摩的热烈着实吓着了林徽因。本来，他们认识不过月余，况且林

徽因第一眼见到徐志摩时，差点管这个爱慕她的男人叫“叔叔”。这也难怪，那时的徐志摩已为人夫，已为人父，而林徽因无论如何新式，却终归是个 16 岁的女中学生。或许，这小小的误会正折射出一个事实：林徽因初识徐志摩初时，对他更多地怀着尊敬与仰慕。

此时的林徽因，面对徐志摩的追求有“惶恐”，有羞涩。她或许并不知道应该如何回应徐志摩的追求，但她的心里，也定然藏着喜悦——那样一个才华横溢、浪漫而多情的男人出现在自己的生命中，哪一个少女能不心动。所以，当时间前行，最初的惶恐与羞涩褪去后，他们的交往愈加亲密起来，特别是在林长民到瑞士开国联大会以后。

那是 1921 年 6 月，徐志摩经狄更生介绍，成为剑桥大学王家学院的特别生。幼仪此时已经到了伦敦，与徐志摩一同住在了沙士顿。不久，幼仪便发现她的丈夫频繁地往理发店跑。尽管幼仪明白这与一个女人有关，但她却未必知晓其中的细节。其实，徐志摩每天一大早出门，为的是赶到理发店对街的杂货铺——他把那里当作收信地址，收林徽因从伦敦的来信。

伦敦那边，林徽因由于父亲到瑞士开国联大会，而过着“闷到实在不能不哭”的日子。用林徽因自己的话说，当时的她总希望生活中能发生点儿浪漫，而所有浪漫之中，最要紧的是，要有个人来爱她。但她面对的，却是伦敦除了下雨还是下雨的天气，没有一个浪漫聪明的人同她一起玩。这时，沙士顿的来信，无疑是为伦敦下雨的阴沉天空里注入了一点浪漫的阳光。而她从伦敦寄出的信，也仿佛是一阵奇异的风吹过徐志摩的心头，他的“性灵”也似乎一下子从迷茫中看到了光亮。于是，康河柔荡的水波旁，诞生了中国近代史上最浪漫多情的诗人。

寂寞少女的心头有了浪漫的诗人，浪漫诗人的灵魂有了伴侣。可是一切就像电影突然中断了放映，几个月后，诗人的灵魂伴侣却抛下他回国，没有给徐志摩留下任何解释。

徐志摩的爱，像不断跳荡着向前的小溪，欢快热烈，无遮无掩，这正像他；而林徽因的感情却像伦敦永恒的轻雾，轻轻晕出迷蒙的暧昧，这也像她。今天，我们将这段感情从记忆的旧书箱中翻出，也只能看着点模糊的光影。我们用想象描摹着光影，再无法还原当年的影像。但无论如何，“林徽因”三个字，如康桥上升起的轻雾永远缭绕着徐志摩，从来不曾从他的生命中消散去。

康桥的名士们

在著名汉学家魏雷（Arthur Waley）眼中，徐志摩在英国的经历，是一场充满了东方色彩的寻师问道。徐志摩怀着顶礼朝圣的心情誓要跟从罗素，为此他甚至连哥伦比亚大学的博士学位都不珍惜，漂洋过海到了英国。可罗素那时已经离开剑桥大学，无奈之下，徐志摩进了伦敦政治经济学院。后来，他转到了康桥。

在康桥，他进行了一场心灵革命。他先是下定了决心与幼仪离婚，这决心一下，灵魂便得到了释放。而他生活中的忧郁，似乎也在幼仪离开沙士顿后被带走。于是，那一年，离了婚后的徐志摩开始了真正的康桥生活，他眼中的一切都变得韵致非常。

他每天在清晨富丽的温柔中骑着单车上学，又伴着黄昏返家；当黄昏的晚钟撼动时，他会放眼一片无遮拦的田野中，或斜倚在软草里，等待天边第一颗出现的星；有时，他也会站在王家学院桥边的榆荫下，眺望妩媚的校友居，瞻仰艳丽蔷薇映衬下圣克莱亚学院里玲珑的方庭；而康河两岸协调匀称的学院建筑，是他永远看不厌的风景；他也曾在河边的一处果园里喝茶休憩，等着成熟的果子跳入他的茶中，看着跳跃的小雀落到他的桌上觅食。

也许，他最喜欢的，是单独一人到康河那儿去，在这份“单独”里寻味着康河，就像寻味着一位挚友。河流梦一般淌过翠微的草坪，怀抱住了这里所有的灵性。徐志摩就像当年的拜伦，徘徊于河边，久久不去。这是他向往的自然，是他爱的“美”。当年康河的水抚慰了拜伦的心，而今它激荡了另一个人的性灵，如一帖“灵魂的补剂”注入了徐志摩天性敏感而多情的心里。

但是，在徐志摩的心灵革命历程中，不仅仅只有柔丽风光与闲适的生活，如果仅是这样，那便称不上“革命”。康桥生活之所以能让他脱胎换骨般重生，与他在那里结识的人有关。

还是先从他刚到伦敦时说起。

徐志摩刚到伦敦时，很快便与一众中国旅英学者、留学生们打得火热。林长民、章士钊、陈西滢等人，都是在他就读伦敦政治经济学院期间结识的。后来，借着陈西滢的关系，徐志摩认识了著名作家威尔斯（H.G.Wells），又通过威尔斯认识了魏雷。威尔斯与魏雷都是英国鼎鼎有名的作家、学者，他们对徐志摩的印象极好，威尔斯甚至认为，和徐志摩的会见是他一生中最激动人心的事件之一。这句话，对一个默默无闻的青年学生而言，已是极高的赞誉。

与倾心仰慕的名士相交，还能得到如此荣耀，羡刹多少旁人，可徐志摩确实觉得“闷”。但如果你能了解，此时的徐志摩已经冲淡了留学之初的野心——做中国的 Hamilton——那就能理解他的“闷”所谓何来。

在美国时，徐志摩也是钟情于政治的人。他在哥伦比亚大学念的政治学系，也算是政治学科班出生的人。无怪乎当年的他会自动自发加入中国留美学生的爱国组织“国防会”；也难怪他会写文章，讨论社会主义；当五四爱国运动的热潮从中国越洋袭来时，他热情高涨。多少年后，吴宓还清楚地记得，那时的徐志摩又是要打电话到巴黎阻止中国和会代表签字；又是要在美国报纸上登文章，还要参与中国留美学生会，讨论弹劾某人……忙得十分起劲。就连他自已也说，那时他对诗的兴味远不如对于相对论或民约论的兴味。

就是这样一个曾经被称为“中国鲍雪微克”的政治青年，到了英国结识了众多英国名士后，对文学的兴趣日长。于是，美国的日子在他眼里变成了一笔糊涂账。伦敦政治经济学院里那些枯燥的政治学课

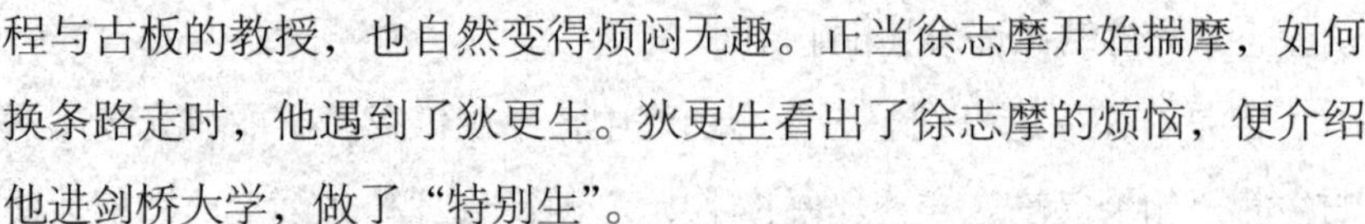

程与古板的教授，也自然变得烦闷无趣。正当徐志摩开始揣摩，如何换条路走时，他遇到了狄更生。狄更生看出了徐志摩的烦恼，便介绍他进剑桥大学，做了“特别生”。

进了剑桥，徐志摩的交际愈加广泛。这位风度翩翩的儒雅中国士子，时常身着长衫与师友们高谈阔论。瑞恰慈（I.A.Richards）、欧格敦（C.K.Ogden）、吴雅各（James Wood）这样的先锋学者，都是他乐于交往的对象。在这些人中，欧格敦是邪学会（The Heretics’ Club）的创立者。这个学会主要研究诗歌创作与翻译，由于他们总是发表一些与传统思想相异的，所谓“异端邪说”，故而自称“邪学会”。徐志摩参与其中，与人积极地讨论中国诗学，成了团体中的活跃分子。

除了青年学者外，徐志摩的剑桥岁月，还与作家嘉本特（Edward Carpenter）、曼殊斐尔（Katharine Mansfield）、美术家傅来义（Roger Fry）的名字连在一起。徐志摩跟他们说唐诗，也跟他们说中国诗翻译，他深厚的文学素养，加上流利的英文，令他置身这些文人雅士中，如鱼入深潭，悠闲自在。当其他中国留学生抱怨难以融入欧洲生活时，徐志摩似乎是一下子就从中国士子儒雅生活的主流跳进了欧洲的诗人、艺术家和思想家的行列。这些欧洲文人、学者们通过徐志摩，第一次真正清晰地看见“文学艺术这些事物在现代中国有教养的人士中的地位”。而徐志摩也在他们的影响下，真正将自己的兴趣指向了文学。

浪漫主义与理想主义已经在徐志摩的心里扎下了根。他开始奉拜伦为偶像，总爱把自己视作拜伦式的英雄。尽管在魏雷看来，徐志摩缺乏拜伦式的愤世嫉俗，但他的确在日后的生活中，彰显了拜伦式的我行我素与倔强叛逆。或许，徐志摩从来没有想过他会在康桥遇到一场心灵革命。他查过家谱，祖上无论哪一代，都不曾有人写出过哪怕一行可供人诵读的诗句，但现在他开了家族先河，成了诗人。这一切都起源于康桥，而来康桥则全为罗素。

作为蜚声国际的哲学家，罗素也一向热衷于讨论政治，并积极参与各种政治活动。第一次世界大战期间，罗素就积极从事各种反战活动。他先是进行了一系列和平演讲，接着又撰写反战传单，为此罗素被罚了100英镑。他不服，拒不付罚金，于是政府变卖了他在剑桥大学的藏书。罗素不怕，继续发表反战文章，最后终于被逮捕。正是带着对人类命运的深切同情，罗素对抗着政府和社会舆论的压力，捍卫真理，绝不屈节。这一切，落进当时还在美国当“中国鲍雪微克”的徐志摩眼中，引得这位青年学生对他的人格无比景仰。

所以，徐志摩开始阅读罗素的书，这下更是教他领教了罗素的渊博学识。1920年10月罗素访华。这期间，他发表了多次演说，其观点震动当时中国知识界。这种震动，随着报纸，波及了大洋彼岸的徐志摩。终于，徐志摩毅然放弃了哥伦比亚大学的博士头衔，乘船到了英国，想跟罗素这位二十世纪的伏尔泰，认真念一点书去。

可直到徐志摩到了伦敦以后才知道，罗素竟然会因其在第一次世界大战期间的和平主张，被剑桥三一学院除名。这多少令徐志摩觉得失落。无奈之下，他只得进了伦敦政治经济学院，跟着拉斯基教授继续学他原来的政治学。第一次寻访，他与罗素失之交臂。

直到徐志摩进了剑桥大学，终于又有了机会。1921年9月，罗素回到英国，与他的第二任妻子住在伦敦，靠卖文章过日子。十月，徐志摩从欧格敦那里打听到罗素的地址后，便找机会拜访了这位神往已久的二十世纪的伏尔泰。

从此以后，他开始了与罗素密切的往来。罗素时常会从伦敦到欧格敦的邪学会中做演讲，徐志摩便经常有机会得以瞻仰这位精神导师的风采，聆听嘉言。他沐浴了罗素思想的光辉——平等、和平、捍卫自由、渴望爱、追求真理，以及对人类苦难的深切同情。徐志摩对罗素这位精神导师，真正到了恨不得顶礼膜拜的程度。他曾这样赞颂罗素，说他“是现代最莹澈的一块理智结晶。而离了他的名学数理，又是一团火热的情感；再加之抗世无畏道德的勇敢，实在是一个可作榜

样的伟大人格，古今所罕见”。而罗素同样也对徐志摩高水准的文化修养，赞叹不已。

虽然，罗素在徐志摩新诗创作道路上，并没有产生直接的推力，也很难说浪漫的徐志摩对罗素严谨的哲学体系有多深刻的理解，但罗素的个性气质与思想的确太合徐志摩的胃口。渐渐地，徐志摩身上折射出罗素式的气质特征，变得愈发清高起来。最明显的，或许便是关于婚姻与爱情的态度，那简直就是罗素的投影。

罗素一生有过四次婚姻。第一次，贵族出身的罗素恋上了爱丽丝。但由于这位姑娘的平民身份，他们的爱情遭到了罗素家庭的反对。但年轻的罗素克服重重阻力，哪怕没有一个家人愿意参加他的婚礼，他仍然与爱丽丝举行了婚礼。然而在婚后，罗素的爱情却不仅仅属于爱丽丝一个人。奥托莱恩·莫雷尔夫人、康斯坦斯·马勒森夫人及名演员科利特·奥尼尔都曾经得到过罗素的爱情。罗素与爱丽丝最终分居。罗素的第二次婚姻则发生在10年后——1921年9月，也正是徐志摩在剑桥游学期间。14年后，1935年，罗素与第二任妻子离婚，然后他挽着他的秘书贝蒂第三次走进了婚礼的殿堂；然而到了1952年年底，已然80岁的罗素再一次离婚，随后便与英国传记作家埃迪斯·芬琪一起打造了他的第四次婚姻。当然，也是最后一次。

罗素的婚姻正应了他对自己的评价：对爱情的渴望是支配他生命的三大激情之一。严谨的哲学家如此，浪漫的诗人又怎会让心中的爱情溜走？徐志摩一生的热烈最直白的体现，便是他对自由爱情的执着。甘冒天下之大不韪，与幼仪离了婚，是罗素式的叛逆。而他接下来要实现的爱情理想，比之罗素，有过之而无不及。

我有一个恋爱

剑桥大学校友居顶楼的走廊十分宽敞，静谧，带着几分安详。从走廊的窗户向外望去，可以看见康河对岸的草场。那里有数十匹黄牛与白马，正悠闲地嚼草。一阵风吹过，带着几声细碎的鸟语飘进窗口，成了这里唯一的声响。徐志摩独自一人坐在狄更生的房门口，已经有几个钟头。

徐志摩十分喜欢狄更生，很喜欢到他这里来。徐志摩终其一生，都对这位慈蔼的老人敬爱有加。如果不是他，自己恐怕进不了剑桥，无法在这里体验快乐的剑桥生活，更无法形成对文学艺术的兴趣。所以，遇到狄更生是他一生最大的机缘。

他与狄更生的初次见面，是在徐志摩认识林长民的那次国际同盟协会上，狄更生是那次会议的主席；后来徐志摩在林长民家里喝茶时，再次见到了他。渐渐地，二人便熟识起来。徐志摩对这位亦师亦友的长者崇敬非常。1921 年，他送给狄更生一部家藏的康熙五十六年版《唐诗别裁集》，还用毛笔在书上写了献辞：

“赠狄更生

举世扰扰众人醉，先生独似青人雪；

高山雪，青且洁，我来西欧熟无睹，

唯见君家心神折。

嗟嗟中华古文明，时埃垢积光焰绝，

安得热心赤血老复童，照耀寰宇使君悦。

——西游得识狄更生先生，每自欣慰，草成芜句，聊志鸿泥。”

这是徐志摩作为诗人的处女作，其中可见他对狄更生的崇敬。而狄更生也对徐志摩爱护有佳。徐志摩时常到这位慈祥老人的寓所里与他聊天。狄更生便与徐志摩聊他对爱与真的希冀，聊他所崇尚的古希腊生活与东方文明，聊他对伟大浪漫主义作家的推崇。这一切，都在徐志摩心里，织造了关于浪漫与理想主义情愫。但狄更生大多数时候都在伦敦与他姐妹们住在一起，鲜少待在剑桥。当他不在时，徐志摩仍然会时不时地来到狄更生的房门口，坐在那里沉思，关于理想，关于生活的方向。今天他坐在这里，想得更多的也许是林徽因。

尽管与幼仪已经在离婚协议书上签了字，徐志摩的精神已经从枷锁中解放，但灵魂却仍然缺少伴侣。林徽因早在 10 月就已经随父回国，其间他们尽管也有通信，但他与林徽因之间却总是隔着一层看不清的雾，暧昧不明。暧昧，让徐志摩的心被忧郁占定。这分忧郁与英国名士的影响一起，慢慢潜化出了他诗人的气质；暧昧，也带给爱情最美妙的想象。所以，愈发遥远的距离，反倒让徐志摩的心，往林徽因那里走得更近一些，他渴望她的心越发强烈。

回国找她！这个念头就像康河上终年不散的水雾一般，在他脑中挥之不去。但是，他刚刚从剑桥大学的特别生转为正式研究生，博士学位眼看便能拿到。想当年为了追随罗素，他放弃了哥伦比亚大学的博士头衔，而今在剑桥，他还没有完成任何研究计划，当真舍得就这样离开？

其他人或许会顾念学业，但他是徐志摩，理想与激情一旦迸发，就再也拦不住。或许，也是因为坐在狄更生门前沉思，让徐志摩能够更加强烈地体会到狄更生以及其他浪漫主义诗人的精神感召，最终，他决定为爱离开剑桥。徐志摩一生都在寻求精神的安定，少了林徽因，他的灵魂似乎少了归宿，即便取得了成就，他的心也无法安定。回国追她是必然，时间早晚而已。

1922 年 9 月，他放弃了剑桥大学博士学位，起程回国。但并不是一去不回，等他实现了心愿，一定会再回来，于是他写了一首诗，以此明志：

康桥，再会吧！
你我相知虽迟，然这一年中
我心灵革命的怒潮，尽冲泻
在你妩媚河身的两岸，此后
清风明月夜，当照见我情热
狂溢的旧痕，尚留草底桥边，
……
设如我星明有福，素愿竟酬，
则来春花香时节，当复西航，
重来此地，再捡起诗针诗线，
绣我理想生命的鲜花，实现
年来梦境缠绵的销魂足迹，
……
我今去了，记好明春新杨梅
上市时节，盼望我含笑归来，
再见吧，我爱的康桥。

“设如我星明有福，素愿竟酬，则来春花香时节，当复西航”。看来，诗人心中正憧憬着此番归国，追上林徽因后“含笑归来”继续学业。可是他不知道，林徽因归国后不久，就被梁启超指定为儿媳妇了。

月下待杜鹃不来

徐志摩回国了，跟着他一起回来的，还有他离婚的消息。

与张幼仪离婚，在徐志摩看来是件欢乐无比的事情，但传到国内，就谈不上欢乐。外人不说，硖石老家的父母不会欢乐；幼仪的家人定然也不会欢乐。这不欢乐的许多人中，还有徐志摩的师父梁启超先生。梁先生原本以为青年人相处不来，只得离婚。他一生致力于维新改良，这点开明程度自然是有的。但后来他听张君劢说，徐志摩离婚后，反而与张幼仪相处得不错，通信不断，这就让他想不明白。所以，在徐志摩回国后，他给徐志摩写了封信，一顿教训。

他说："徐志摩，天下岂有圆满之宇宙？你要知道，人生树立甚难，但消磨甚易。你现在风华正茂，正处在人生中最宝贵，也是最危险的时期。如果沉迷在虚幻的梦境里，只会受挫，最终失志堕落！你要慎而又慎！你与幼仪离婚的举动，是以他人之痛苦，易自己之快乐。况且，这样做是否真的能令你快乐还未可知，却已经让许多人为你的行为感到痛苦；还有，如今的年轻人总是榜标恋爱是天下唯一神圣的事，我固然不反对，但是天下神圣的事情太多，神圣的恋爱亦是可遇而不可求，不能你想如何便如何。多情多感的人，梦想虽多但却难以满足。你所梦想的那种神圣境界，恐怕亦将落空，最后徒增烦恼！"

徐志摩知道，梁先生所谓的"神圣境界"，指的是他对林徽因的追求。先生此番话的目的，确是出于爱护徒弟，字字都是金玉良言。但是，徐志摩那时已经得知，林徽因已经与梁先生的儿子梁思成有了婚约。想来梁先生通过张君劢等人，也不难知道他对林徽因的心思。所以，梁先生的这封信，恐怕也包含着对徐志摩的警告：不要再对林徽因心存幻想。

可纵是先生警告又如何，他既然回来，就抱定了决心全力一搏，因此他在回信中说：

“我之甘冒世之不韪，竭全力以斗者，非特求免凶惨之苦痛，实求良心之安顿，求人格之确立，求灵魂之救度耳。人谁不求庸德？人谁不安现成？人谁不畏艰险？然且有突围而出者，夫岂得已而然哉？……

我将于茫茫人海中访我唯一灵魂之伴侣；得之，我幸；不得，我命，如此而已。”

他真是将爱情激荡于理想中，已经全然不顾现实，不忌庸俗的猜忌与世俗的卑鄙。他发誓要用心血浇灌他的爱情理想，将它凝成明珠，朗照灵府。所以，梁启超又能如何？他一样与他叫板。而且，梁启超在对待婚姻的态度上，也已经与徐志摩这一代人的追求拉开了距离。梁启超自己的婚姻，即是包办。娶妻后，又纳妻子的待女为妾。娶妻纳妾，一代维新志士在自己的婚姻上，同样行使了中国封建社会赋予男人的权利。如今，他看见徐志摩在婚姻问题上，对传统如此蔑视，未免觉得有些不是味道。

然而在徐志摩看来，爱情自由，是人类自由精神的倒影，绝对不能人工嫁接似地包办强配，而只有追求真爱，将爱情放在自由的祭坛上顶礼膜拜，才能体现它的真诚与神圣。也许神圣爱情的确可遇不可求，但茫茫人海中，得之我幸，不得我命，只管去追求便是。

于是，他放开手脚追。可林徽因已名花有主，再怎么追也只能让他们的关系悬着，悬到最后徐志摩就只剩尴尬。

这天，徐志摩去北京松坡图书馆找林徽因。松坡图书馆具实有两

处，一处在石虎胡同七号，另一处设在北海公园快雪堂，这是梁启超办公的地方。这里一到星期天，少了游人，便显得格外幽静古朴，很适合情人约会。徐志摩不是第一次来这里找林徽因，他是梁启超的弟子，进进出出也没有不对，但他总是在梁思成与林徽因约会时出现，把梁林二人的约会变成了三人聚会。徐志摩俨然是颗明晃晃的电灯泡，梁思成不满意了。这不，今天徐志摩到了快雪堂，只见门上贴了张条：Lovers want to be left alone. 这是婉转的逐客令：情人不愿被打扰。可以想见，徐志摩见了这字条，离开的时候，定是愁成了凄凉。不顾一切追爱，却只得这样的结果，正如他在《为要寻一个明星》中说自己"骑着一匹拐腿的瞎马，向着黑夜里加鞭。"

如果仅怀着单纯理想而不顾现实，理想无异于"瞎眼拐马"，如何能够依凭？梁启超果然对徐志摩看得透彻。他太了解自己的徒弟。徐志摩过分执着于单纯的理想，热血到无法感知现实的冷酷。所以他教训他，不可妄求"圆满之宇宙"，那不过是个"茫然如捕风"的幻象罢了。但徐志摩偏偏听不进，他硬是骑了瞎眼的拐腿马来寻明星，于是碰了钉子，撞了一鼻子灰。最终，爱情的明星遍寻不着，希望只剩下残骸：

"希望，只如今……
如今只剩些遗骸；
可怜，我的心……
却教我如何埋掩？
……
我唱一支惨淡的歌，
与秋林的秋声相和；
滴滴凉露似的清泪，
洒遍了清冷的新墓！"

……

可是，爱情的微光总是会在希望最黯淡的时候闪动，挑逗多情之人的感观。就在徐志摩以为他追寻的爱情明星永远落下地平线时，却不料，它竟又有亮光。这一切要先从 1924 年的泰戈尔访华说起。正是他，带着新月般的清辉，照亮了徐志摩因爱而黯淡的生活。

相随泰戈尔

泰戈尔的中文名字“竺震旦”，得自梁启超。

1924年5月8日，泰戈尔在他的访华行程中迎来他64岁生日。北京各界为他举行了隆重的生日庆贺会。庆贺会的其中一项，便是为泰戈尔献赠中文名。之所以取名“竺震旦”，梁启超这样解释：泰戈尔的英文名字Rabindranath翻译为中文即“太阳”与“雷”，“震旦”二字由此而来。再循中国以往翻译外国人名之例，泰戈尔的中文姓氏应以其国——印度，即“天竺”为姓，故定为“竺”。因此，泰尔戈的中文名，便定为“竺震旦”。泰戈尔许是对这个名字很满意，高兴之余受了启发，也给徐志摩起了个印度名字“素思玛”——Soosima。

这次泰戈尔来华，虽是以梁启超“讲学社”的名义邀请，但实际上真正大力推进的人正是徐志摩。虽然，徐志摩对泰戈尔敬爱非常，到了后来，更是直呼泰翁“罗宾爹爹”，但有意思的是，他对泰戈尔的文学作品及哲学体系似乎并不感兴趣。

早在1913年，泰戈尔已经凭借抒情诗集《吉檀迦利》获得诺贝尔文学奖，成为亚洲获此殊荣第一人。这位诗哲的作品有世界级的影响力，但徐志摩从头到尾都没有对他的诗作投以足够的关注，对他的哲学思想也从未明显表达过自己的立场。不过，这些并没有影响徐志摩对泰戈尔的崇拜。1923年9月10日，泰戈尔来华前，徐志摩在《小说月报》上发表了《泰戈尔来华》，他说：

“泰戈尔在世界文学中，究占如何位置，我们此时还不能定，他的诗是否可算独立的贡献，他的思想是否可以代表印族复兴之潜流，他的哲学是否有独到的境界——这些问题，我们没有回答的能力。但有一事我们敢断言肯定的。就是他不朽的人格。

他的诗歌，他的思想，他的一切，都有遭遗忘与失时之可能，但他一生热奋的生涯所养成的人格，却是我们不易磨翳的纪念。所以他这回来华，我个人最大的盼望，不在他更推广他诗艺的影响，不在传说他宗教的哲学的乃至于玄学的思想，而在他可爱的人格，给我们见得到他的青年，一个伟大深入的神感……”

不难看出，徐志摩对泰戈尔的推崇，完全源自他的人格——博爱、至诚、坚韧、追求和平与自由。这似乎也是徐志摩自己终生探求的生命境界。所以，泰戈尔在徐志摩眼中成了高山仰止的人物。他不惜用最华丽的词藻来形容这位慈爱的老人：

“他是不可侵凌的，不可逾越的，他是自然界的一个神秘的现象。他是三春和暖的南风，惊醒树枝上的新芽，增添处女颊上的红晕。他是普照的阳光。

他是一派浩瀚的大水，来从不可追寻的渊源，在大地的怀抱中终古的流着，不息的流着，我们只是两岸的居民，凭借这慈恩的天赋，灌溉我们的田稻，苏解我们的消渴，洗净我们的污垢。

他是喜马拉雅积雪的山峰，一般的崇高，一般的纯洁，一般的壮丽，一般的高傲，只有无限的青天枕藉他银白的头颅……”

虽然这几行浓烈的文字读起来难免发腻，但无疑表达了徐志摩对泰戈尔人格的崇敬。同时，对于泰戈尔的作品与诗作的影响，徐志摩也承认“无法回答”。因此，他积极推动这位伟大的诗哲到中国来，不为“推广他诗艺的影响，不在传说他宗教的哲学的乃至于玄学的思想，而在他可爱的人格，给我们见得到他的青年，一个伟大深入的神

感……”让泰戈尔人格的神辉，引导陷入动荡年岁里的中国人，从“怀疑、猜忌、卑琐的泥溷”中解脱。

徐志摩笃定泰戈尔的影响力，但泰戈尔自己，却怀疑他的到来是不是真的能给中国人的思想与心智补充营养。但无论他在踏上了这片古老的土地之前有多么迟疑，当他见到那些欢迎的人潮时，或许就找到了勇气。他的到来是当时中国文化界的一大盛事。当他乘坐的轮船抵达上海码头时，文化界名人、各大报社记者都在欢迎他。据说连末代皇帝溥仪都与他会面。而与泰戈尔神交已久的梁启超在欢迎词中，也不吝溢美之词：“我们用一千多年前洛阳人士欢迎摄摩腾的情绪来欢迎泰戈尔哥哥，用长安人士欢迎鸠摩罗什的情绪来欢迎泰戈尔哥哥，用庐山人士欢迎真谛的情绪来欢迎泰戈尔哥哥。”

有欢迎的地方就一定有批评。陈独秀、郭沫若、沈雁冰、瞿秋白、林语堂等人在对待泰戈尔的态度上，就与梁超启、徐志摩泾渭分明。在陈独秀他们看来，泰戈尔的思想放在中国，简直是中国青年的思想大敌。郭沫若就毫不客气地说：“世界不到经济制度改革之后，一切什么梵的现实，我的尊严，爱的福音，只可以作为有产有闲阶级的吗啡，椰子酒；无产阶级的人终然只好永流一身的汗水。平和的宣传是现世界的最大的毒物。”

听到了这样的反对声，泰翁的心受了打击。他的思想在自己的国家，被认为过分前卫，而到了中国他却被指责太过保守。真是愁坏了老人。虽说他原本认为，如果只谈诗歌，或许对不住对他寄予厚望的中国朋友，但事实证明，如果他仅仅谈诗，或许更容易被人接受。

老人心累，再加上三四十场的演讲、无数的会面与接见，身累。或许此时，最能令身心俱疲的泰戈尔感到安慰的，就是他的忘年交素思玛——徐志摩了。这真是一位热情真挚的青年。他几乎一路都在陪着泰戈尔，无论是演讲、茶话、游览，从上海到北京，徐志摩便是他的翻译和导游。甚至有一次，他陪泰戈尔到法源寺赏丁香，竟因情绪激动，在树下作了整整一夜诗。

泰戈尔的访问是否对当时的中国有现实意义，或许的确值得商榷。但就徐志摩个人而言，泰戈尔的这次访问，意义重大：正是在这次接待泰戈尔的活动中，他看见了他与林徽因爱情中那点残存的微弱希望。

泰翁到了北京后，同是新月社成员的林徽因加入了接待工作。据说当时陪同泰戈尔的“林小姐人艳如花，和老诗人挟臂而行，加上长袍白面，郊荒岛瘦的徐志摩，犹如苍松竹梅的一幅三友图”。而这段期间他们最珍贵的记忆，恐怕要数为排演《齐德拉》时的接触。

同样是为了在泰翁 64 岁生日庆贺会上为他庆祝，新月社同人排演了由泰戈尔改编自印度史诗摩诃婆罗多的《齐德拉》。那是一个与爱有关的故事。戏里，林徽因扮演女主角齐德拉公主，徐志摩扮演爱神。在爱神的帮助下，齐德拉公主终于与她爱慕的王子，过上了幸福快乐的生活。

这出美丽的爱情神话里，观众最无法忽略的，不是王子与公主，而是爱神与公主。他们的每一次眼神交汇，都是心的相连，连得如此默契如此和谐。他们仿佛能从对方的眼中读懂台词，更能从对方的眼神中，读出台词以外的情愫。真情演绎出的戏剧，无疑能感动所有人。这次演出取得了巨大的成功。它是第一次以全英文演出的戏剧；是徐志摩的新月社，作为一个团体，第一次公开举行的活动；而它对徐志摩而言，最重要的意义是，它是一剂强心针，让徐志摩仿佛早已麻木的爱情渐渐苏醒。不但如此，或许是徐志摩与林徽因在台上的感情过分满溢，漫出了舞台，渗入了现实，于是招来了流言。据说，梁家也对二人产生了不满。

因为一场戏，两人传出绯闻，俨然现代八卦新闻的桥段。但这两人的绯闻却很难让人不当真。毕竟，他们曾有一段共同的康桥回忆。而徐志摩从来没有彻底放弃对林徽因的爱，这几乎是公开的秘密。他归国后仍是待她殷切，待她温柔一如初见。林徽因再理智，但终归还

是个女人。女人对痴情浪漫的男人天生少了免疫。因此，就算林徽因当时诚如外界所传，真的陷入了情感的挣扎，也再自然不过。

可是，林徽因依旧是林徽因，理智得能让所有女人羡慕。她或许挣扎矛盾，但她最终选择了远离情感的是非。《齐德拉》公演后不久，林徽因再次离开了，这次是去美国上大学，与梁思成一起。于是，徐志摩的爱情苏醒宛如一次生命的回光返照。

天地彻底暗了。徐志摩茫茫然，不知道该往哪里走，颓丧得直想掉泪。偏偏这时，他要陪泰戈尔到山西推广农村建设计划。这一别再回来，怕是林徽因已经离开，不知何日才能见到了。5月20日，泰戈尔前往山西，送行的车站，徐志摩终于爆发。他知道林徽因就站在人群里，但是他不敢看。即便看了又能怎样？他们只是随着车辆前行，越来越远，最终消失在彼此眼里。他系在林徽因身上的情丝，怎么就这样能说断就断了？原来爱情如此脆弱，真是不敢相信。他伤心至极，铺开信纸，写了封信：

“我真不知道我要说的是什么话，我已经好几次提起笔来想写，但是每次总是写不成篇。这两日我的头脑只是昏沉沉的，开着眼闭着眼都只见大前晚模糊的凄清的月色，照着我们不愿意的车辆，迟迟地向荒野里退缩。离别！怎么的能叫人相信？我想着了就要发疯，这么多的丝，谁能割得断？我的眼前又黑了！”

信没有写完，他还来不及送出，火车却要走了。他焦急，冲向站台，同行的泰戈尔秘书恩厚之见他如此伤情激动，便将他拦下，帮他把信收起。于是，这封没有写完的信，就这样永远没有被寄出，随着徐志摩与林徽因的爱情，一起被岁月留在了记忆里。的确，单凭理想无法对抗现实，“去罢，青年，去罢！悲哀付与暮天的群鸦”；从那场幻梦里醒来，“去罢，梦乡，去罢！我把幻景的玉杯摔破”。天空爱上大海，只有风叹息……

万丈诗情洗尘心

石虎胡同七号

北京西单附近的石虎胡同七号有座王府似的宅子，古树参天。这座宅子有名，里面住过西南王吴三桂和清代名臣裘曰修；也有人说这宅子闹鬼，是当年北京城有名的凶宅；后来，梁启超把松坡图书馆专藏西文图书的分馆办在这里。徐志摩回国以后，便进来当了英文干事，并将其间的一处房屋作为自己的居所。

当年，松坡图书馆总务部主任是蹇季常先生。有一天，他看见徐志摩在自己的住处外挂了块牌子，上书“新月社”。或许他当时没有想到，这个 25 岁的年轻人，在自己的房门口挂了块并不起眼的牌子，竟成为中国近代文坛上，一个全新文化团体诞生的标志。

那还是 1924 年春天，徐志摩正等着泰戈尔访华。总有人说，伶俐如徐志摩，定是为了讨泰翁欢心，才应景似地将自己创立的团体命名为“新月社”。诚然，徐志摩的“新月社”与泰戈尔的《新月集》有必然的联系，但“新月”二字，也镌刻着强烈的徐志摩韵味。

徐志摩爱月，看他的诗，总能见团团月彩。雷峰塔下，有明月泻影在眠熟的波心；再看明月似新娘娇羞，用锦被掩盖光艳；有时残月半轮，如破碎的希望，应和了半夜深巷传出的琵琶；而当月光将花影描上石隙，竟能让粗丑的顽石生媚……徐志摩爱月，人也如月浪漫，情感亦如月般澄明，毫无遮掩。想当初，他为自由，能对张幼仪冷酷如此，却也为了林徽因，热情温柔；他能为理想，毅然拒绝美国的博士头衔，而去英国朝拜罗素，也能为了爱情干干脆脆地离开剑桥。徐志摩的爱与恨，旁人一眼便能看明白。这种对情感毫无遮掩的表达，应了“新月”的清澈明亮，但同时，也是他遭遇文坛风波与情感纠葛的原因。

恐怕就连徐志摩自己都无法确定，像他这样二十几岁，毫无根基的青年，能在短短两年时间中做出什么成就来。那时，大批青年学生海外归来，北京城里藏龙卧虎，不定哪条逼仄的胡同里一扇不起眼的门后，就坐着一个才华惊艳的青年；而一场新文化运动，又催生了多少团体与刊物。团体如文学研究社，创造社，锐气逼人；刊物如《小说月报》、《新青年》亦是风声水起。新月清淡的光辉真的能照彻他的理想吗？

1922 年 10 月，徐志摩回到北京。虽然此时，他正因无法获得林徽因的爱情而被一份深刻的忧郁占定，但这真的不是他生活的唯一重心。毕竟，身在大北京，不管是新朋还是旧友，围绕着自己的都是精英。这些人的才气与名声是驱策的鞭子，让徐志摩一刻也懈怠不得。于是，他与所有刚出道的文学青年一样，跃跃欲试，想在文坛打天下。当然，最直接最简单的方式，便是多多投稿。

从 1923 年 1 月至 3 月，短短两个月内，徐志摩在《创造季刊》、《小说月报》、《努力周报》、《时事新报·学灯》、《晨报副刊》等刊物上，接连发表了十数篇作品。初入江湖的文学青年，就这样跃马扬鞭开始经营起自己的文学生涯。

虽然，徐志摩谦虚地说自己的东西不成气候，都是些烂笔头，但实际上，他的诗格律新颖，给了古老的中国诗歌以新的体魄。而他的文字，则带着富丽的联想，清新俏皮，仿佛不沾人世烟火。因此，他的作品一发表，就吸引目光无数。这期间，他最有名的诗，恐怕要数《康桥再会吧》。

“康桥，再会吧；

我心头盛满了别离的情绪，

你是我难得的知己，我当年
辞别家乡父母，登太平洋去，
（算来一秋二秋，已过了四度
春秋，浪迹在海外，美土欧洲）
扶桑风色，檀香山芭蕉况味，
平波大海，开拓我心胸神意，
如今都变了梦里的山河，
渺茫明灭，在我灵府的底里；
……”

这是首新诗，它最初登在1923年3月12日的《时事新报》副刊《学灯》上。只不过，不是以诗文形式，而是以散文形式出现。并不能责怪编辑出错。这首新诗在当时的中国是一种全新的体裁。它近似于英文“素体诗”，全篇无一字压韵，却贯穿以一定的音节。所以，即便拿他当散文来读，也是一气连贯。没有见过这种诗歌体裁的人，将其误认作散文也实属正常。因此，徐志摩见出了差错也没生气，只是写了信去报社纠正。3月25日，《康桥再会吧》重新登载。徐志摩看了后，发现还是错——顺序乱了。没办法，只得再改。于是，这首诗第三次见报，这次总算对了。

这首诗很快便引起大家关注，其中的原因除了它的创新之外，接连出错的周折也占了一份。徐志摩因这首诗，成就了最早的诗名，其中有才华，亦有风波。最初的成名经历，就像是徐志摩文坛经历的预言。徐志摩以后便会知道，他这一路走来，麻烦不断，但就目前看来，一切都还平静。

现在，徐志摩诗名日高，加上他天生善交际，所以身边很快聚集了许多志同道合的朋友。他们与徐志摩一样，都曾留学欧美，都是精英，都急迫地想将西方新思想植入古老中国的陈旧生命中。也因为都是书生，所以激扬文字成为他们最好的表达方式。新一代青年渴望言说的空间，于是，“聚餐会”出现了。

在当时的北京知识分子中，流行着一种具有欧洲“沙龙”性质的“会”。生日会、消寒会、聚餐会、互友会等。参与的人多是社会名流，大家在一起或论国事或聊生活，或宣泄情感或抒发苦闷。早在英国期间，徐志摩就对参与沙龙聚会情有独钟．现在，他有了自己的文际圈，何妨也组织个“会”？于是，他开始忙碌，积极动员胡适、林长民、丁文江、张君劢等人，成立了“聚餐会”。

这个聚餐会每周聚餐一次，但聚餐的地点不定，或在某个朋友家里，或在饭庄、公园。虽名为“聚餐”，但重点却不在“餐”而在“聚”。一群朋友坐在一起，交流观点，互通信息。他们将严肃、甚至枯燥的思想话题，糅杂于趣味无穷的社交中。或许，一种新的艺术风格，一种新的文艺思想，一个新的文学流派，就在觥筹交错间被形塑。

有人说，徐志摩热心组织大家成立“聚餐会”是因他失去林徽因后，便只能寄情于事业。这话也有几分道理，或许在朋友的笑谈中，在浅吟低唱声里，他能暂别失恋的苦痛，描一描自己理想的“棱角”。

在《石虎胡同七号》——徐志摩诗作中的名篇中，藤娘、棠姑、槐翁、黄狗，映着他的天真本性。那道“依稀的梦景”，正是他理想中的静谧恬宁。这里远离人情纷扰，洋溢诗趣无限，清澈秀逸一如他心中的康桥。一首诗，便将一座城移植到这里。徐志摩带着他的康桥情结，在这座小园里滋养着他“诗化的生活”与希望。

那时，徐志摩的愿望很简单，他不过是想集合身边的朋友，借着众人的力量，做点自己想做的事情——演戏。演戏一事在当时的知识分子中并不简单，尤其在五四以后，它成为许多进步青年最有力的思想宣传媒介：李叔同在日本创立了“春柳社”；田汉有了自己的“南国社”；茅盾也组织了“民众剧社”。徐志摩也想借着戏剧起步，为自己开辟条新路。

但是，一直到徐志摩把“新月社”的牌子挂起，这些聚在一起想演戏的人却什么都没演成。多亏后来泰戈尔来了，众人为了给泰翁祝寿，才被逼出了一出《齐德拉》。之后，他们也曾想排演几出丁西林的戏，却也只是想，一直没有动静。

没过多久，松坡图书馆为了节省经费，出售了石虎胡同七号。为了延续新月社的活动，徐志摩办起了“新月社俱乐部”。也正是此时，新月社作为一个团体，才真正成形。“聚餐会”时期，大家轮流做庄，活动没有固定场所；当初的“新月社”看起来，也只是名称，组织显然还未定形。现在，新月社同仁有了固定的活动场所，即位于松树胡同七号的“新月社俱乐部”。说到这里，还得多谢徐申如与黄子美的帮忙。

新月俱乐部

在徐申如眼里，儿子徐志摩显然背离了父亲为他设计好的航向：先是从父亲为他定下的婚姻中“叛逃”，接下来又不好好读书以继承家业，而跑去写些无用的诗。换了其他人，把儿子关起来管教也说不定。但徐申如毕竟见过世面，也够开明，所以当徐志摩表达了他要建立新月社俱乐部的愿望时，他大方地答应了。何乐而不为呢？建立团体，有利于儿子扩大他的交际圈。用商人的眼睛观察，这是好事。所以，他不但答应，还垫了一笔钱给儿子当经费。此外，徐申如的好友黄子美也出了钱，而且还帮他们找了房了——松树胡同七号。

在陈西滢的记忆中，那是一栋花园平房，一间大房用来开会，一间小饭厅用来请客。另一间不大不小的房间，是徐志摩的书房兼卧房。黄子美也把这里布置得很好，通了电，接了电话，就连厨子都备好了，听说做的菜很好。

这里有舒服的沙发躺，有可口的饭菜吃，有相当的书报看，徐志摩挺满意。他的新月社会员们常来这里聚谈。一群文人雅士聚在一起，兴趣也便成了“雅兴”。他们交流学术，探讨文艺，评论时政，好不热闹。此外，新月社还举办各种“会”，其中自然少不了诗歌朗诵会。

秋天，五色的爬墙虎叶子，将松树胡同七号院点缀得色彩斑斓。沈从文一走近院子，便听见一阵清而轻的声音。原来徐志摩坐在墙边石条上读诗，缓急之间，见出情感。这是沈从文第一次见到徐志摩。新月社俱乐部时常举行这样的诗歌朗诵会，徐志摩但有新作，也总是很有兴致地将它读给客人听。

除了诗歌朗诵会，新月社还办读书会。熊西弗印象最深的一次读书会，是梁启超先生来讲解和朗诵《桃花扇》。那天，梁先生讲了《桃花扇》作者的历史，详尽地分析了它的时代背景及它在戏曲文学上的价值。末了，梁先生还用他流利的“广东官话”朗诵了《桃花扇》中最动人的几首词。据说当时，先生在“诵读时不胜感慨之至，顿时声泪俱下，全座为之动容”。

新月社办了许多“会”，新年有舞会，元宵闹灯会，总之琴棋书画，能想出的事情几乎都办成“会”了，只是这戏剧，仍然全无踪影。

这并不奇怪，新月社众人当中，有小说家，如凌叔华；有美术家，如闻一多；有知识分子，如胡适、陈西滢；有银行家，如黄子美；有军界人士，如王赓，还有政界人士，如张君劢。众人各有各的专长，各有各的工作，哪抽得功夫志门写戏排戏？而这戏迟迟没排上，却也反映了新月社组织的松散。真的过于松散，以至于连新月社成员在回忆有关它的事情时，竟然都模糊了记忆。

“他（徐志摩）那门前挂着‘新月社’牌子的寓所，石虎胡同七号，是因为他曾经在这里接待过《新月集》的作者——印度老诗人泰戈尔……”

这是饶孟侃的说法。他记错了徐志摩挂牌的时间——应当是泰戈尔来华之前。

“‘新月’本来是北平北海公园的一个小俱乐部，由胡适、徐志摩和几个银行家组成，最初只是大家常聚在一起聊天玩玩，当时我在美国没有参加……”

这是梁实秋的记忆，但是他没有参加的“俱乐部”其实是当时的“聚餐会”，并不是后来的新月社俱乐部。而且，当时的聚餐会，显然并不固定在北海举行。

“‘新月’不是一个正式的社团，最初是民国十三年在北平的一些教授们，其中包括胡适、徐志摩、饶孟侃、闻一多、叶公超等人定期聚餐的一种集会……”

这是叶公超的回忆，但是，最初的“定期聚餐”时期，可没有饶孟侃、闻一多和叶公超自己。

真不能怪成员们混淆了记忆。要让徐志摩自己想，他可能连自己的新月社有多少人，都弄不清。他随性得很，遇着聊得来的，便把人往新月俱乐部里拉，连入会手续都不见得齐全。比如闻一多，他在1925年8月9日参加了一场新月社的茶话会后，第二天，就正式成为会员了。难怪陈西滢从未曾见新月社有过社员名单。不仅没有社员名单，甚至就连大家一起开会讨论社团宗旨这样的事情都没有。所以，这个时期的新月社，与其说是文学团体，倒不如说是徐志摩朋友的组织，彼此有襟袍关系，各人有各人的兴趣。如果新月社俱乐部里坐着一群人，你根本不知道谁是正式社员，谁又是来访的客人。

新月社很松散，散到连会费都没有正式的负责人来收。所以也就不难想象，新月社俱乐部成立以后，因为无人按时交会费，所以仅两个月，新月就有了巨额的亏空。

交会费一事，不是没有规定，每个人每月一圆五。也不是大家手里紧，交不上。当时新月社里多是名流绅士，太太小姐，每月那点钱不成问题。问题是，不知交给谁。交给徐志摩是万万不成的，他这人没有计划，也没有管账的心思。会费收不上来，其他人倒也罢了，只是委屈了黄子美。

黄子美当初出钱帮徐志摩成立了新月俱乐部，后来又在新月当了管事，大大小小的杂务，都得要他来。徐志摩对他很是感激，本来是想收了会费，把黄子美的垫资还上。这下可好，他随意收人，又不管事，会费没收齐，不但还不上钱，还亏了钱。这倒也罢了，本就垫钱

帮忙的黄子美，为着亏空，还得自掏腰包补漏洞。也难怪后来黄子美听说徐志摩因感情苦闷要去欧洲散心时，会连眼睛都红了。所以，徐志摩无比自责："他（黄子美）不向我们要酬劳已是我们的便宜，再要他每月自掏腰包贴钱，实在是太说不过去了……如果我要是一溜烟走了，跟着太爷们爱不交费就不交费，爱不上门就不上门。这一来黄爷岂不吃饱了黄连，含着一口的苦水叫他怎么办？"

能维持住散沙样的新月社，原因之一，是新月社毕竟是"徐志摩朋友的团体"。这些朋友与徐志摩在文艺思想与政治理念上有共同的追求。但更重要的是，徐志摩在人群中产生的强大凝聚力，否则单是朋友，也并不见得非得跟你一起结社。

徐志摩的信仰单纯坚定，他追求真与自由，他的情感一向真诚坦荡，对人怀有爱与同情。这些个人魅力，令徐志摩产生了奇妙的黏性，连接着周围的朋友。因此，"新月"给了徐志摩灵感与希望，而徐志摩给了"新月"以灵魂。所以，一旦这个灵魂寂灭，新月便会黯淡，人心便散。不说远的，只说 1925 年，徐志摩不过离开北京出游欧洲半年而已，新月社便几乎只剩下一个名号。徐志摩曾在旅途中给新月社众人写了封信，他半是自责，半是激励地问众人："新月新月，难道我们这新月便是用纸版剪的不成？"

徐志摩的自责，并不仅止于新月社的管理。他真正懊恼的，是他的理想一点"棱角"也没有露。那些新年年会、元宵灯会、古琴会书画会、读书会，在徐志摩眼里，充其量不过是大家一时兴起，消磨时光用的时令点缀。不是说谈诗歌吗？怎么现在搓麻将，打弹子的居多了？不是说借演戏以推广文艺，以宣传思想吗？怎么现在，这里越来越像会友交际的场所？不是要谈理想吗？怎么现在竟成了上流先生太太们的娱乐消遣？"这 petty bourgeois（小资产阶级）的味儿，我第一个就受不了。"徐志摩痛心，"我们新月社岂不变成了一个古式的新世界或是新式的旧世界了吗？"

他深觉，理想不露棱角，真是可耻。如果他的新月社生活一直这样过下去，那他笔尖的光芒与心血就都将黯淡，所以他一定要振作。他从来就不是轻言放弃的人。到现在，他仍相信，“‘新月’虽则不是一个怎样强有力的象征，但它那纤弱的一弯分明暗示着、怀抱着未来的圆满”。当初，“罗刹蒂一家几个兄妹合起莫利思朋琼司几个朋友在艺术界里就打开了一条新路，萧伯纳卫伯夫妇合在一起在政治思想界里也就开辟了一条新道”，现在，凭借众人的才学与创造力，凭借着共同的梦想，他们一定能让新月呈现它应有的样子。

理想是好，只不过，现实仍然让他失望，他的新月一直被乌云笼罩。但也只是暂时，等他从欧洲回来，接办《晨报副刊》后，他的理想才算露了棱角。虽然新月社众人不像其他文学团体那样，习惯团队作战，但就他们个人而言，都是才华横溢的人物，都可以独当一面。最拿得出手的人，非胡适莫属。

世上另一个我

几乎所有人都承认，徐志摩是新月社的灵魂，而胡适则是新月社的领袖。胡适何许人也？他本名嗣糜，后来，他给自己改了名字——“适”，据说出自达尔文“物竞天择，适者生存”。他是 1910 年“庚子赔款”第二期官费赴美留学生。到了美国，他进了康奈尔农学院学习农学。可是，这个智慧一流的人物，却被苹果树的分类弄得晕头转向。其他人 20 分钟能分清 30 种苹果树，胡适花了两个半小时，只分出了 20 种。所以，他极郁闷地转行。这一转，非同小可，竟成就了他日后的名声。

他开始研究文学、哲学、史学、考据学、教育学、伦理学，陆续获得有三十多个博士头衔；他的一篇《文学改良刍议》，倡导白话文写作，石破天惊；此后，他出版了中国新文学史上第一部白话诗集《尝试集》；他第一个用白话写作独幕剧，确立了现代话剧的新形式；他的小说《一个问题》，为中国“问题小说”流派开宗之作；他是那场文学革命的领袖。

在徐志摩眼中，胡适敦厚，师长一样令人觉着温暖，受人尊敬，但创造社的郭沫若就对他印象不好。而胡适在那场“夕阳楼之争”中表现出的英文优越感，更是让创造社视他为对头。不过，也不能全怪胡适，若不是郁达夫在那场争论中，先嘲弄了胡适，胡适后来也不至于“过分激烈地”对创造社等人不通英文的事实表达蔑视。毕竟，胡适崇尚的也是绅士风度。他生命中的绝大多数时光，都维持着平和。所以那次“夕阳楼事件”也是他先退让，在争论中先对自己的过分言辞表示惭愧，对自己在争论过程中的无礼道歉。然而双方的纠纷在胡适的退让中渐息时，冒冒失失的徐志摩又一头撞入，于是纷争再起，不过那已是后话。

胡适与徐志摩，新月社双绝。因为新月，他们结下了深厚的情谊。徐志摩亲近胡适，“与适之谈，无所不至，谈书、谈诗、谈友情、谈爱恋、谈人生、谈此谈彼……”胡适欣赏徐志摩，认为徐志摩对诗的见解甚高，学力也好。他甚至希望徐志摩能成为东方的惠特曼。也许正是带着这样的期望，他不断地在徐志摩的文学创造上给予他鼓励与灵感，所以徐志摩才会说，他的大多数的诗行都是胡适撩拨出来的。可以说，胡适亲手开创了新文化运动，而徐志摩的出现，则继承了他的使命。

胡适与徐志摩的相交，是新文化运动的倡导者与力行者之间的相遇。事实证明，在新月社的全部发展历程中，无论少了他们当中的哪一个，新月都将黯淡光辉。曾经，胡适在徐志摩离开北京时，维系着他们的聚餐会，否则，用徐志摩的话说，聚餐会早已“呜呼哀哉”了；后来，胡适失去了徐志摩，新月失去了灵魂。他作为领袖，再也无法像原来那样感召新月同人。于是，新月众人散成了天上群星，各自光彩。

尽管在很多事情上，胡适与徐志摩同声相契，但他们实如一个灵魂的正反面。徐志摩在这一点上看得透彻，他对胡适说：“你我虽则兄弟们的交好，襟怀性情地位的不同处，正大着。”

徐志摩浪漫温柔，文字柔软多情，但现实中，他却能激烈到先以离婚的方式反传统，后以再婚的方式实践他的先锋理想。所以，徐志摩在浪漫里成为持刀骑士，惊世骇俗。而胡适，倡导全面西化的新锐干将，却谨慎保守地留在了包办婚姻里，甘心成就世人“小脚夫人，留美博士”的笑谈。胡适的矛盾，诚然是那一代文人的典型性格，却也是胡适自己的性子。他持守中国文人的礼义与温和，强调着“容忍

比自由更重要”。“情愿不自由，也就自由了。”说着这话，胡适在自己的情感问题上秉持了理性。

这种理性，使得胡适被评为是“新文化中旧道德的楷模，旧伦理中新思想的师表”，也是这种理性，令胡适在唐德刚的《胡适杂忆》中，被说成“发乎情、止乎礼的胆小君子”。或许，发乎情、止乎礼，是因为胡适将他的生命重心落在了经世致民上，而不像徐志摩那样，仿佛是为爱而生的。

还是徐志摩的话：“你（胡适）在社会上是负定了一种使命的，你不能不斗到底，你不能不向前迈步……但我自己却另是一回事……我唯一的希望是……在文学上做一点工作……始终一个读书人……”胡适曾说，终生不谈政治。但终其一生，他都在谈论。谈五四，谈苏俄，谈人权，谈法治……他跟袁世凯谈过，同吴佩孚谈过、与段祺瑞谈过，也与蒋介石谈过。每一次面向庙堂的言谈，也都是温和的，他似乎永远微笑着，向世人描绘他的理想中的社会。

最后，在他离开人世后，人们在他的墓志铭上写：“这是胡适先生的墓。生于中华民国纪元前二十一年，卒于中华民国五十一年。这个为学术和文化的进步，为思想和言论的自由，为民族的尊荣，为人类的幸福而苦心焦思，敝精劳神以致身死的人，现在在这里安息了！我们相信形骸终要化灭，陵谷也会变易，但现在墓中这位哲人所给予世界的光明，将永远存在。”

泪浪之争

1923年，徐志摩回国一年而已，就已经凭借着他的诗，才名远播。徐志摩的文学生涯，除了以其才华惊艳于世外，大大小小的麻烦也接连不断。这多少也是因他的性子坦率，不管对人或对己，对敌对友，他有话总是直说。所以，得罪人了。

先是开罪了郭沫若。

郭沫若当年写过一首诗，说的是他重返故居时，不由感伤，“泪浪滔滔”。正是这泪浪滔滔，让徐志摩有话说：

“固然做诗的人，多少不免感情作用，诗人的眼泪比女人的眼泪更不值钱，但每次流泪至少总得有个相当的缘由。踹死了一个蚂蚁，也不失为一个伤心的理由。现在我们这位诗人回到他三个月前的故寓，这三月内也不曾经过重大的变迁，他就使感情强烈，就使眼泪‘富裕’，也何至于像海浪一样的滔滔而来！”

徐志摩觉得，无论如何眼泪都不至于像海浪一样滔滔。这意见不免偏颇。作为浪漫主义诗人，徐志摩应该知道“夸张”是诗人最常用的手法之一。况且他批评郭沫若“回到他三个月前的故寓，这三月内也不曾经过重大的变迁，他就使感情强烈”——这显得徐志摩缺乏同情。

郭沫若被批评的这首诗名为《重过旧居》，写他重访日本旧居时的心境。当时郭沫若从上海返回日本福岗旧居，发现妻儿因无钱交房租早已被逐出了住处。当郭沫若经人指点，找到妻儿时，却见儿子蓬

头垢面，妻子形容憔悴。郭沫若因此伤情，而作此诗。徐志摩恐怕无论如何都无法体会郭沫若那样情感。他出生优裕，无须为稻粱谋，哪能体会人世艰苦。但毫无亲身体会的徐志摩不知哪里来的勇气，偏偏在这件事上，对郭沫若进行指点。

徐志摩缺乏同情的指点，着实把郭沫若伤得不轻，以至于郭沫若在这件事情上，一直没能解开心结。直到10年后，他在写《创造十年》时，仍然提起他的眼泪被徐志摩说成比女人的更不值钱。徐志摩的批评开罪了郭沫若，如此也等于得罪了创造社。创造社众人与徐志摩计较的，可不是“泪浪”到底能不能“滔滔”这样简单的事。

6月7日，《创造周报》上刊登了成仿吾的公开信。成仿吾在文中说：

“我由你的文章，知道你的用意，全在攻击沫若的那句诗，全在污辱沫若的人格……你把诗的内容都记得那般清楚（比我还清楚），偏把作者的姓名故意不写出，你自己才是假人……我所最恨的是假人，我对于假人从来不客气，所以我这回也不客气把你的虚伪在这里暴露了，使天下后世人知道谁是虚伪，谁是假人。”

此番言论，似乎并不是单纯的文学讨论，颇有人身攻击的意味。成仿吾说徐志摩是伪君子，是因为徐志摩在回国之初曾向创造社表达过入社的意愿，但同时，徐志摩又与创造社的对头胡适打得火热。创造社原就对徐志摩两边讨好的行为不满，而这次，徐志摩在文章中更是直言他曾与胡适讨论过“泪浪”。这直接点着了创造社的火——徐志摩向创造社示好，却又与胡适一起嘲笑郭沫若的诗。因此成仿吾才会说：“你（徐志摩）一方面虚与我们周旋，暗暗里却向我们射冷箭。”

可是，徐志摩哪有这番考量。虽说他心思单纯，之前向创造社示好是真心，批评郭沫若的诗也是诚恳，但他的做法难免有些草率，处世也少通了些人情世故，以为他把别人当朋友，就可以放心公开地批评；况且他脑子里根本没有团体、派别的概念，就这样不知深浅地一脚蹚进来，怎能不犯人忌讳？所以，就算徐志摩当真只是就文学而论文学，别人恐怕也不这样看。

当徐志摩回过神来，弄清事情缘由后，赶紧发文章解释。于是，6月10日，徐志摩的《天下本无事》在《晨报副刊》上发表。他态度诚恳，言辞和缓，先安抚怒气冲天的成仿吾：

“仿吾兄，你是位评论家，不是当面恭维，我认为你算得上国内见过文艺界大世面的人，你总该理解我说的话吧。怎么我评了一首诗的字句不妥，你就给我下那种相差不可衡量的断语，说我是‘污辱沫若人格’……难道我们说雪莱的一首诗幼稚，就等于说雪莱是幼稚的吗？同样，华兹华斯的诗有些是无聊的，但这并不影响他在当时最伟大诗人的地位啊……”

再表达对郭沫若的欣赏：

“沫若兄，要是仿吾兄还有湖南人特有的那种狷急，我希望你的气度要大些。如果你真的相信我的话里怀有恶意，我只能深深地道歉。但我相信你不会那样的。真的，你就一斧子劈开我的脑子，也绝不会发现我有一星半点的不良用意的……我只当沫若和旁人一样，是人，不是圣贤，我不佩服‘泪浪滔滔’这类句法，并不妨害我承认沫若在新文学界是最有建树的一个人……”

文章写得好，这态度也是十分恭敬。把郭沫若和雪莱、华兹华斯放在一起比，创造社想来也不会有意见。这公开信发表后，也就算徐志摩弃械投降，所以这场笔战没有真正打起来。但值得一提的是，徐志摩在这场事件中，得罪的不止创造社，还有文学研究会。

还得从这次泪浪事件之前说起。徐志摩归国之初，郑振铎等人发起成立的文学研究会与郭沫若等人的创造社，是文坛风头最劲的两大

团体。当时双方发生了一系列争论，气氛颇不融洽。“天真单纯”的徐志摩当时不知深浅，只想着结交社会精英才俊，因此与两边都有了接触。如果仅是这样也就罢了，坏就坏在，他在跟创造社示好时，曾给成仿吾写过一封信，里面有这么一句：“雅典主义，手势戏——我笑到今天还不曾喘过气来，且看那位大主笔怎样来答辩！”——“雅典主义，手势戏”指的是茅盾的一处翻译错误，“大主笔”正是文学研究会的郑振铎。

本来是私信，结果，“泪浪事件”中，成仿吾一气之下将这信公开了。文学研究会的人看到徐志摩写的这信，会做何感想，徐志摩不用想也知道。明里示好，暗里嘲笑，难怪会被成仿吾说成是“假人”。不过幸好，郑振铎那边没有追究。或许正因有这次事件，所以人们才会推测，徐志摩想办“聚餐会”，或许也是因为在这次事件中，他把创造社与文学研究会一并得罪了；同时他也感到，与创造社也好，与文学研究会也罢，风格总有些不相投的地方，所以只得自己组自己的团。

这次，创造社的火算是暂时灭了，事情也告一段落。但他那支笔，似乎除了用来写好文章外，就是专门用来惹祸的。接下来，他又惹恼了鲁迅。

志摩的音乐与鲁迅的刀锋

1924年冬天，“语丝社”成立，它的刊物《语丝》也随即刊行。鲁迅、周作人、林语堂、钱玄同、孙伏园、俞平伯、刘半农等，是它的主要撰稿人。这些名字，一下便为《语丝》定了基调：反旧立新，针砭时弊，或庄或谐，简洁明快。这风格怎么看，都跟徐志摩挨不着边。但是，语丝办刊兼容并包，不拘一格。所以当徐志摩把他译的一首波德莱尔的诗——《死尸》，以及一篇充满了强烈神秘感的题记投给《语丝》时，《语丝》编辑还是将它刊登了。

这晚，鲁迅睡不着，于是披衣点灯看《语丝》，看到了徐志摩的文章。单是那首译诗还好，该死的是那题记中的一段话：

“我深信宇宙的底质，人生的底质，一切有形的事物与无形的思想的底质，只是音乐，绝妙的音乐！天上的星，水里泅的乳白鸭，树林里冒的烟，朋友的信，战场上的炮，坟堆里的鬼磷，巷口那只石狮子，我昨夜的梦……无一不是音乐做成的，无一不是音乐。你就把我送进疯人院去，我还是咬定牙龈认账的。是的，都是音乐——庄周说的天籁地籁人籁：全是的。你听不着就该怨你自己的耳轮太笨，或是皮粗，别怨我！”

徐志摩论的是音乐。廖辅叔在《乐苑谈往》中曾说，徐志摩对音乐也颇有修养，因此文章中不时写些与音乐有关的事来做帮衬。这文章倒是符合徐志摩一贯的浪漫主义风格，想象华丽，玄乎其玄。可这种夸张不落实地的语言，正是鲁迅最不愿嚼的。更何况，鲁迅视《语

丝》为珍宝，岂容这种不实浮夸，态度居高临下，漠视残酷社会现实的文章在这里出现？于是，他拿起笔，瞄准了徐志摩。只是这一次，他手下留情，一向寒光闪闪的投枪，换成了软刀子。

鲁迅只是调侃，说自己是个苦韧的非神秘主义者，所以无福听到徐志摩的“音乐”。接着，他模仿了徐志摩的笔调，神秘了一回：

“……慈悲而残忍的金苍蝇，展开馥郁的安琪儿的黄翅，唵，颉利，弥缚谛弥谛，从荆芥萝卜玎琤淜洋的彤海里起来。Br-rrr tatata tahi tal 无终始的金刚石天堂的娇袅鬼茱萸，蘸着半分之一的北斗的蓝血，将翠绿的忏悔写在腐烂的鹦哥伯伯的狗肺上！你不懂么？咄！吁，我将死矣！婀娜涟漪的天狼的香而秽恶的光明的利镞，射中了塌鼻阿牛的妖艳光滑蓬松而冰冷的秃头，一匹黯黮欢愉的瘦螳螂飞去了。哈，我不死矣！无终……婀娜涟漪的天狼的香而秽恶的光明的利镞，射中了塌鼻阿牛的妖艳光滑蓬松而冰冷的秃头，一匹黯黮欢愉的瘦螳螂飞去了。哈，我不死矣！无终……”

不愧是鲁迅，想象之妙，言辞之绮丽不输徐志摩。最后他说：“咦，玲珑零星邦滂砰珉的小雀儿呵，你总依然是不管甚么地方都飞到，而且照例来唧唧啾啾地叫，轻飘飘地跳吗？”显然，这是告诉徐志摩这只小雀儿，别在语丝这儿跳来跳去。这番戏谑讥讽着实呛得徐志摩喘不过气来。他算是彻底领教了鲁迅的功夫，从此在《语丝》销声匿迹，甚至连辩解都没有。可就算辩解，就算回击，他徐志摩又哪里是以辛辣讽刺见长的“语丝文体”的对手？

其实，徐志摩的那段“音乐”未必真的犯了鲁迅的多大忌讳。非说有，那或许是那句“你听不着就该怨你自已的耳轮太笨，或是皮粗”，让鲁迅觉得徐志摩一副居高临下姿态，自夸自赏；亦或许，是徐志摩把“战场上的炮”“坟堆里的鬼磷”都当成了“音乐”，这让鲁迅觉得他是在冷眼旁观残酷现实，冷漠而残忍。

徐志摩为人，浪漫激荡于血液，理想得超越现实。文如其人，所以他写起文章来有时也确实浪漫得不着边际。所以他的文章在当时的中国，显得离人间烟火太远。但仅就一篇味道不合自己口味的文章，鲁迅真有必要尖酸至此？徐志摩自己也纳闷，他到底哪里开罪了鲁迅？于是，在给周作人的信中，徐志摩便委屈地说：“令兄鲁迅先生脾气不易捉摸……听说我与他虽则素昧平生，并且他似乎嘲弄我几回我并不曾还口，但他对我还像是有什么过不去似的，我真不懂，惶惑极了。”

徐志摩的惶惑不是没有理由，因为他与鲁迅也曾和谐相处过。

1923 年，鲁迅的《中国小说史略》出版，除了出售外，还留了一部分赠送朋友。赠送的对象中，也包括徐志摩。徐志摩看过后，觉得不错，便写信给英国的魏雷，说他的朋友最近写了一本书不错，打算买一本寄给魏雷。又是送书，又是以“朋友”相称，看来，原本双方有交情，可能不一定有多深，但也算有情分。所以，此番徐志摩无法理解鲁迅的气从哪里来。

其实，鲁迅不喜欢徐志摩的原因很简单，他说了：“我不喜欢新诗……更不喜欢徐志摩那样的诗，而他偏爱各处投稿，《语丝》一出版，他也就来了……我就做了一篇杂感，和他开一通玩笑，使他不能来，他也果然不来了。”鲁迅不喜欢徐志摩那样的诗，或许，更不喜欢他行事的风格。早在泰戈尔访华时，鲁迅就十分厌恶徐志摩对泰戈尔的极致吹捧。当时他就写了文章讽刺。那次徐志摩同样没有还嘴。也许真是徐志摩太天真，即便鲁迅已经给了他脸色看，但他还是毫无顾忌地往语丝投稿，于是便有了这次冲突。

人与人的矛盾，是行事风格之间的矛盾，亦是思想与思想的矛盾。趣味相投的人聚在一起，就好像协调的颜色搭配，用的人舒服，看的人也舒服；但鲁迅与徐志摩，就像两种不协调的颜色撞在一起，无论如何，只有别扭。他们一个冷峻如冰，一个热情似火。所以，鲁迅容不了

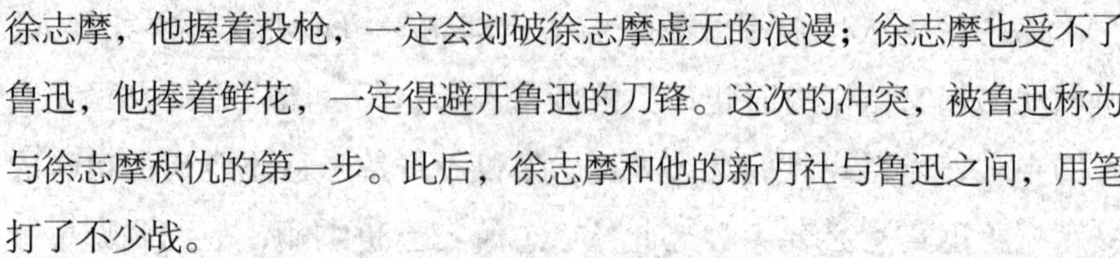

徐志摩，他握着投枪，一定会划破徐志摩虚无的浪漫；徐志摩也受不了鲁迅，他捧着鲜花，一定得避开鲁迅的刀锋。这次的冲突，被鲁迅称为与徐志摩积仇的第一步。此后，徐志摩和他的新月社与鲁迅之间，用笔打了不少战。

自负的绅士气

与鲁迅相比，徐志摩似乎只会说些软绵绵轻飘飘的话，但事实上，他不只会写温软的情诗与文章。留学英国的经历，让徐志摩有机会从罗素那儿学来英国式的幽默讽刺，而他优裕的家境，又不可避免地在这种讽刺上添了一份自负。当徐志摩把这种讽刺与自负放在文章中，也着实能气煞不少人。新剧家们就受了他的气。

1923 年，北京新明剧场演出哈姆雷特。这出新剧的编导是郑正秋，但他的剧本并非从莎士比亚的原文改编而来。根据陈大悲的说法，先是兰姆将莎翁的戏写成故事，然后古文大家林琴南从兰姆那里翻成古文，最后，郑正秋又把林琴南译的古文改成了新剧。不难想象，如此周折以后，那天新明剧场台上的哈姆雷特与原版或许有出入。而这，便成为徐志摩嘲讽与自炫的理由。他那次确实过分，后来，就连徐志摩自己都在文章中反省，他当年在看哈姆雷特时，态度自大。

当时，徐志摩看完哈姆雷特后觉得，那些人既没到过外国，而且还只看了不完全的原著，所以，原本在英国人口中体面的莎士比亚，到了中国艺人这里，却显得好笑。既然不精通英文，不懂莎士比亚，那艺人们就不配插嘴，只配扁着耳朵悉心地听。说完这些讥讽新剧家的话，徐志摩还顺带把受剧情感动的观众也嘲笑了一番。

也许编导与演员的演绎确有不到位之处，但这无损于他们追求文艺革新的热情；而受剧情感染而动情落泪的观众，又何罪之有？徐志摩此种心态也真正是刻薄高傲。

还是 1923 年。

那年 4 月，霍路会剧团来京演出《林肯》。徐志摩原以为，这样远道而来的剧团要认真上演一出真正的艺术剧，想来一定会大受欢迎。可事实让他大失所望。梅兰芳来了，姚玉芙来了，可偏偏大学生没几个。徐志摩受不了，于是写了篇《得林克华德〈林肯〉》在《晨报副刊》上分 4 天连载，批评新剧界：

“除了女子高等师范学校有两位学生在场外，北大、高师、美专、剧专诸大学的学生，连单个的代表都没有。后来跟陈西滢谈了，陈说怕是学生嫌票价太贵。真是不可思议——不错，表面看来戏价似乎贵些。但凭着良心讲，这样远道而来的剧团演这样认真的戏，要你们三两块钱的戏价，只要演的过得去，你能说太贵吗？梅兰芳卖一圆二毛，外加看座茶钱小账，最无聊的坤角也要卖到八毛一块钱，贾波林的滑稽电影也要卖到一块多——谁都不怨价贵，每演总是满座而且各大学的学生都是最忠诚的主顾。偏是真艺术戏剧的《林肯》，便值不得两块钱，你们就嫌贵，我真懂不得这是什么打算。”

徐志摩或许真的不懂那些打算。当时的中国，政局纷乱，不是所有人都与他一样，仅看到理想，就有心思进剧场看戏；也不是所有人都像他一样，不用担心家计，掏得起两块钱看戏。就算真有心思也真掏得起钱，不爱看就是不爱看，个人品味使然，又有谁规定大学生一定要看新剧的？又有谁能说大学生不看新剧就不进步了？

不过徐志摩也许只是痛心。五四以后，中国的新剧运动正进行得热闹，在徐志摩看来，这些推崇新剧的进步青年，偏偏忽视了这场真正的艺术剧，实属不该。他的批评或许带着诚挚的情感，有话直言——这是他写批评文章的一贯风格。但无论如何诚挚，言辞毕竟偏颇。最不该的，是他竟然在文中批评中国学校里教莎士比亚的教师，十个有九个说不出莎士比亚的好。这话，无论怎么看，都太过张狂。

所以，新剧家们坐不住了，回击是必然。而就在这个当口上，徐志摩被抓了小辫子。5 月 6 日，还是在新明剧院，徐志摩与朋友看北京女子高等师范学校学生演出的《娜拉》，他中途退场。当时便有人对他们大张挞伐，说他们不懂《娜拉》反映出的女子人格问题，不知道戏剧与人生的关系，不配看《娜拉》这样有价值的戏。

那天，跟徐志摩一起看《娜拉》的是陈西滢。面对外界指责，他先写了文章回应。陈西滢为了证明他们退场的必然性及对手指责的无聊程度，从剧场秩序混乱说到新明剧院的构造不合乎声学原理；从演出者太过业余说到“如果你痛斥没看完《娜拉》的人不懂得人生问题，那简直就是在骂易卜生不是一个伟大的艺术家”。

陈西滢的文章写得义愤填膺，徐志摩的口气倒是平和。他强调《娜拉》之所以不朽，不在于对手所说的所谓“人格”或“人生”，而在于这出戏本身的艺术性，而他评价戏的标准，也只是把它当戏来评价，而不当它作宣传某种主义的工具来评价。所以，新剧家们，你们就不要谈什么人格人生了。末了，徐志摩主动与新剧家们讲和：“劝被西滢批评的诸君，不要闹意气，彼此都是同志，共同维持艺术的尊严与正谊，是我们唯一的责任，此外什么事我们都不妨相让的。”

徐志摩的确不像陈西滢那样生气。当然，你可以认为徐志摩的平和，是因为他此前并没有看到对手们攻击他的文章，所以不至于太生气；你也可以认为，徐志摩的平和是因为陈西滢的文章已然激愤，他为避免招来更大的怨毒，所以只得平和一些。但实际上，徐志摩在他一生所经历的文坛论战中，大都平和。这与他的性格有关。况且，他从罗素那儿学来的不仅有讽刺，也有英国式的绅士风度。

这种风度，包含了文明、公正、平和、豁达、稳重与自由。所以，徐志摩在他参与的文坛争论中，的确从未恶语伤人。虽然他的高傲自负，总招来非议与攻击，但至少，他能坦然地应对这些攻击，对事的态度也大体公正。而他一旦认识了自己的错，也能大方承认。就像在哈姆雷特一事上，事后徐志摩也大胆地揭疮疤，说他作为一个自

命时新的人，骨子里也时时有守旧甚至顽固的时候，所以得严防自大与虚荣。

然而，就是这种英国式的绅士风度，却一直入不了鲁迅的眼。他曾经讥讽这些绅士，说他们“头上有各种旗帜，绣出各种好名称：慈善家，学士，长者，青年，雅人，君子……头下有各种外套，绣出各式好花样：学问，道德，国粹，民意，逻辑，公义，东方文明……”鲁迅不屑这样的“正人君子”，所以，在不久的将来，鲁迅用他冷光闪闪的匕首对准了新月派的绅士们，将他的第一次全方位大规模的论战，献给了新月社。

遇见你是我最美的意外

小曼是古城光艳的风景

她是上海中国画院专业画师，上海美术家协会会员；她谙昆曲，演皮黄，一手文章气韵天成；她的文学作品很少，几篇散文，一首新诗，一个短篇，半部剧本，却已有人称其为作家；她精通英、法文，3年外交翻译生涯令她成为中国第一位涉足外交领域的女性；她柔艳曼妙，是北京城里最有名的交际花；她在胡适眼中，是北京城里不可不看的一道风景；她的前夫王赓，人中俊杰，但她却把风情交给了徐志摩；她是徐志摩情书中的“眉”，是他爱的“小龙”；她叫陆小曼。

据刘海粟回忆，他之所以去见陆小曼，只因听了胡适的一句话。那是1925年春天，他正闲居北京。一天，胡适对他说：“海粟，你到北平来，应该见一个人，才不虚此行……北京有名的王太太。你到了北平，不见王太太，等于没到过北平。”作为艺术青年，刘海粟对见这位不得不见的王太太充满了罗曼蒂克式的想象，于是他刮净了胡子，换了衣裳便随胡适去了。刘海粟没有后悔去见王太太。第一眼，他便觉得她美艳绝伦，光彩照人。那时刘海粟才知道，站在他面前的这位王太太，正是蜚声北京社交界的陆小曼。

初见的直觉，让刘海粟觉得，像陆小曼这样的女子应该会些丹青。果然，在胡适为他们作了介绍后，陆小曼便对刘海粟说，她曾学过绘画，希望能得到刘海粟的指点。胡适也在一旁怂恿：“海粟，你应该收这位女弟子。”陆小曼笑了，银铃样的笑声竟让年轻的画家有些不安：“如果刘先生肯收，我就叩头了！”就这样，陆小曼就成了刘海粟的弟子。

就在刘海粟与胡适刚到不久，徐志摩便匆匆赶来。他微笑着与陆小曼打了招呼后，便待在一旁不说话。一整天下来，徐志摩全用自己的眼神来表达意见，很少开口。刘海粟觉得奇怪，志摩平时健谈得很，怎么今天却也拙于言辞？难道是被这位王太太的睿智与辩才慑服了不成？

陆小曼对新拜的先生很是敬重。她拿出自己的许多字画来给他看，要他批评。刘海粟看了以后对她说：“你的才气，可以在画中看到有韵味，感觉很好。有艺术家的气质。但笔力还不够老练，要坚持画下去，一定能成为一个好画家。”听了这番话，徐志摩按捺不住心中的喜悦，一把握住刘海粟的手说：“海粟，你真有眼力！”这一下，刘海粟更是不解，心头暗忖：“小曼听了赞美都还沉静呢，你激动什么？”

大约半年后，刘海粟总算解了这个疑惑。那时，整个北京社交界都在疯传：有夫之妇陆小曼搭上了离婚男人徐志摩。这时的刘海粟回想起那次见面时徐陆二人眉目间的神色，才恍然明白：早在那时，徐志摩与陆小曼已难舍难分了。只是他没想到，自己后来竟也成能在这段风月情事中，占得不大不小的一席。

刘海粟还记得，那是1925年9月的上海，徐志摩刚从欧洲回来两个月。一天，他带着一张满是心事的脸来找自己。徐志摩的眼里有悲，有喜，闪着光，那里有千言万语，只是一时无从说起。亏得刘海粟聪明，直直便问：“你和小曼相爱多久了？”

徐志摩稍镇定了心绪，便说：“我们已经不能自拔了。我曾几次很想忘掉她，但已经忘不掉了……你得帮我……”

刘海粟这才知道，那时徐志摩与小曼相识不过两年，但他们感情却早已站在命运的路口，彷徨。

通常的说法是，徐志摩与陆小曼相识于1923年。那时，他与张幼仪的离婚协议书上还有余温，他的灵魂还带着因失去林徽因而留下的泪痕。而恰恰就在徐志摩的心，空洞成一片荒凉时，陆小曼眩

了他的眼。

或许你会说，黑白老照片里的陆小曼平凡得很。那样的容貌实在撑不起“一代佳人”的帽子。今人看陆小曼，只是从照片里，但真正见过陆小曼的人都说，照片中的影像远远不足以描摹陆小曼的风致。都说她本人极美，起立坐卧都是风度。在那样一个聚集了无数绅士名媛的北京城里，陆小曼的行止举动可以让无数人神迷。先不论别的，单说她跳舞。

陆小曼是跳舞高手，据说要是哪一天的舞池中没有她的倩影，“几乎阖座为之不快”。而只要她在，“中外男宾固然为之倾倒，就是中外女宾，好像看了她也目眩神迷，欲与一言以为快”。

徐志摩最初与陆小曼结识，只因她是友人王赓的妻子而接触交往。回国之初，除志摩认识了王赓。同是梁启超的学生，认识起来定然不费力，既然是同门的妻子，认识陆小曼也是自然。况且，整个北京社交界，又有谁不知道陆小曼？所以，当初陆小曼最先吸引徐志摩的地方，也只不过是她顶上“一代佳人”的名号而已。可渐渐地，徐志摩发现，陆小曼的那些名声绝不是单靠交际手腕搏得，她是真正的大家闺秀。

陆小曼是美，可那不是面上的妖媚，而是从骨子里透出的风韵。或许是因出身名门，陆小曼的气质中，带着东方女性的端庄娴雅。那番气韵，笼着珍珠样的光泽。如果你以为陆小曼作为一代交际名媛，定然爱些艳丽的装扮，那就错了，其实她并不特别打扮自已。陆小曼不爱艳丽的衣裳，总是选择淡色的服装，就连发式也永远是清丽的直发，或是扎成小辫，或是笼在耳后，雅致俏丽。说她淑女贞静，并不为过。你听徐志摩怎么说，他说一件蓝布袍，就能让陆小曼眉间带上特异的光彩。他在日记里写着：“我爱你朴素，不爱你奢华……你穿戴齐整的时候当然是好看，但那好看是寻常的，人人都认得的，素服时的眉，有我独到的领略。”

陆小曼确是独到。你别说这北京城里名媛无数，她们也个顶个儿的漂亮，有才气，但陆小曼的才华却不一般。就是她这样一个容光明媚，体态轻盈，颠倒众生的女子，才情与她的身姿一样曼妙。

陆家是江苏常州的望族，世代书香。家学渊源，让陆小曼自小便养成了深厚的古文功底，写起旧诗来，婉约，清新，不饰雕琢。时人评价她的文风颇有明清风度。她人生得美，画起画来也是美。刘海粟后来评价陆小曼的画，说她的工笔花卉和淡墨山水，颇见宋人院本的传统。陆小曼不但通晓传统国学，西学功底也不差。18 岁前，她就读得许多英法原版书，说起英文、法文来，也是优雅流畅，有时竟也如同说起中文时，不乏连连妙语。

在新文化运动蓬勃的年代，陆小曼已然成为时髦的代名词。与她在一起，你不必问可以与她聊些什么，单看你想与她聊什么。这样的陆小曼，似乎生来便是为了让世上的男男女女为之神迷。她的丈夫王赓，陆军少校，一时才俊。

爱是寂寞的玩笑

王赓，也是不一般的人物。他能被梁启超相中做弟子，能进美国普林斯顿大学与西点军校，可称得上学贯中西。当时他任职外交部，1919 年巴黎和会期间，也曾是中国代表团的上校武官，回国后任航空局委员，前程大好，一时俊彦。这也就难怪陆小曼的父亲，会从追在女儿身后的无数权贵士子中，一眼便挑中他。或许是怕乘龙快婿被人抢了去，陆父在相中了王赓后，不过一个月，就急急地把 19 岁的女儿嫁了过去。

一样的父母之命媒妁之言，陆小曼同样逃不了那个时代的礼制。这一嫁，陆小曼仿佛坐在云端里，性灵迷糊竟和稚童一般来不及反应。慢慢地，新婚的新鲜劲儿过去，陆小曼发现，这位杰出的青年，日子过得就跟在军队里一般：星期一到星期六上午，工作，杜绝一切玩乐；星期六下午到星期日全天，玩乐，拒绝一切工作。

试想，此时的陆小曼早已名动京城，跳舞、聚会、出游，都是她的生活场景之一。那种在王赓看来合情合理的规律生活，在陆小曼看来，定然刻板得闷。其实，王赓并不是不爱小曼。他年纪大陆小曼不少，对她是尽了心地宠着，护着。但是，女人，尤其是陆小曼这样柔艳如三月春花的女人，你除了要护着外，还得懂温情，有情趣。这样她才会满意，才能开得娇俏。只可惜，王赓不会。他宠爱有余，而温情不足。磊奄曾在他的《徐志摩陆小曼艳情史》中这样评价王赓：“这位多才多艺的新郎，虽然学贯中西，而与女人的应付，完全是一个门外汉，他娶到了这个如花似玉的漂亮太太，还是一天到晚手不释卷，并不能分些工夫去温存温存。”

王赓是个好人，如果与他结婚的是别人，那他或许是个好丈夫，可惜他的妻子是陆小曼。他不懂小曼，他不了解小曼的风情与志趣所在，给不了小曼要的那种体贴，更给不了她想要的热情与生活，所以陆小曼与他在一起，并不开心。她最终明白，王赓并不是适合自己的丈夫，“两性的结合不是可以随便听凭别人安排的，在性情和思想上不能相谋而勉强结合是人世间最痛苦的一件事。”可是，陆小曼天性中的“娇慢”让她宁愿将自己的意志压抑，也不想让人看见自己正在受苦。于是，她硬着脖子，埋在众人艳羡的眼光里，忽略内心痛苦的呼号。

直到，她认识了徐志摩。

与棋盘一样规整齐划的王赓不同，徐志摩是跳荡的溪水，欢快而灵动。徐志摩自小就比别人活泼。郁达夫曾这样回忆徐志摩。他说，徐志摩还在杭州府中的时候，就总喜欢“和这个那个闹闹，结果却终于会出其不意地做出一件很轻快很可笑很奇特的事情来吸引大家的注意的”。待到徐志摩游历了欧美后，与欧洲名士的结交经验，更是让他长成了一个长于社交的人。

就好像与陆小曼在舞池中的光彩呼应一般，徐志摩在交际场上，同样也是个人物。你可以在文人学者的座谈上找到他，也可以在达官丽姝的聚会中见到他。无论在哪里，只要他清亮的，带着一点硖石口音的嗓音一响，在座的人无论心神如何不快，都自然地被他声调中的快乐所感染，一切烦心的事，便同化在他的热情与欢快里一般，不见了踪影。

徐志摩所具有的生活情趣，想来王赓也定然不及。徐志摩喜欢跳舞，爱看戏自己也演戏；他乐与名人雅士游山逛水，山水间还能与人讨论些人生哲学生活艺术；他会抽烟也能喝酒，但却不是瘾君子；他爱漂亮女人，欣赏她们赞美她们追逐她们，虽也涉足花丛，却从不耽溺其中，浪漫而不颓靡……如此徐志摩，女人哪有不爱的道理。相传，

当年曾有名门淑女因仰慕他而相思成灾，还差点闹出了人命。于是徐志摩便多了个“大众情人”的封号。

结识了王赓与陆小曼，徐志摩常常往王家跑，约夫妇俩看京戏，到六国饭店去跳舞，去来今雨轩喝茶，往西山游玩。陆小曼自然乐意加入，但王赓有些犯难。最初，碍于同门情谊，加之他又极欣赏这位横溢的诗人，因此徐志摩相邀，他也常抽空一起去玩。可徐志摩来找他与小曼，才不会管什么假日不假日，只要兴起，一准儿到王家报道。久而久之，王赓心疼起那些耗在游山玩水、舞池玩乐上的时间，于是，只能对徐志摩说：“叫小曼陪你去吧，我太忙，我不去……”他也会对自己的妻子说：“对不起，让志摩陪你去玩，我忙……”

不难想见，王赓为人冷静、理智，是个事业心重的人。当然，徐志摩也并不是游手好闲的纨绔子弟。他一样有事业心，胸中一样埋着理想的火苗。只是，他与王赓相比，更懂得如何享受生活，而不愿轻易辜负生命赋予的意义，所以他浪漫，也热烈，对生命有火一样的激情，仿佛不将人间烧成一片赤地而不罢休。就好像他还在康桥求学时，曾有一次在狂暴的风雨里等待，浑身浇了个透，只为了捕捉一条雨后虹。

这便是他对生活的激情，带着不顾一切的执着与绝决，多大的风雨也浇不灭。他的生活宗旨，一向带着他所推崇的西方人的入世方式，是一种把“热乎乎的一个身子一个心放进生活的轧床去，不叫它留存半点汁水回去；非到山穷水尽的时候，决不肯认输、退后、收下旗帜……”

所以，当徐志摩带着他的热烈与爱情面对面时，便坚持：“真爱不是罪（就怕爱不真，做到真的绝对义才做到爱字），在必要时我们得以身殉，与烈士们爱国，宗教家殉道，同是一个意思。”是的，徐志摩便是这样愿为爱情身死的人。

因此我们便能想见，浪漫热烈如徐志摩，遇见了陆小曼，那是一场胜却多少人间至景的绝代相逢。一个是浪漫的彩虹，热烈多情；一个是美的光芒，轻盈娉婷。四目相接，眼波一抹惊鸿，如春风吹开三月桃花，便是人间最美的风景。可若仅仅是这样，徐志摩与陆小曼的爱，或许会少一些。但偏偏，那股让他们陷入热恋浓情的力量里，还有他们为彼此点亮的，精神的需要。正是这一点，让他们义无返顾地一起投向了爱情。

“爱的生活也不能纯粹靠感情，彼此的了解是不可少的……最高的了解是灵魂的化合，那是爱的圆满功德。”徐志摩深信他与陆小曼——他的眉，能因对方而让彼此的灵魂走向圆满。因为他们了解对方，因为他们趣味相投。同是文学与艺术浸染下的灵魂，每一次交流都是生命的愉悦。不单如此，徐志摩懂陆小曼。他知道，陆小曼正压抑着自己的心性，所以他劝她，做一个“真”的自己，教她“自埋自身是不应该的”。徐志摩在对陆小曼说着这样的话时，想来眼睛里正射出灿烂的神辉，照彻了陆小曼的肺腑。

真正的情场高手会明白，抓住女人的心，从来不必使太大的力气在别地方，只要你能真正懂她，懂得她心里那一点从不愿为别人说的情绪，那你便抓住了她的心软。那一点情感的触碰，会卸下她所有的心防。徐志摩或许不是特别的情场高手，但他天性中的浪漫与热烈，令他比其他人更懂女人，最重要的是，他比王赓懂陆小曼。所以，当王赓在他日日刻板的生活行轨中，将陆小曼推给他时，他真挚地，劝着陆小曼不必再自欺欺人地在时光中偷活。这，便是在陆小曼的心上拉了一把，把她拉向了自己。于是，陆小曼的生活转了方向，心也转了方向。

他们跌入了爱情。

徐志摩因有了陆小曼，而宛若新生。这是爱情的力量。有人说，如果无法忘记一个人，是因为时间不够久，新欢不够好。可是，一个好的新欢或许比时间更能治愈心伤。此时的徐志摩失去林徽因不过一

年半而已，但多亏了陆小曼这个新人够好，于是，他这朵本无处着地的雪花，才能那样快地摆脱情感的迷茫，认清自己的方向。现在，他可以“盈盈的，沾住了她的衣襟，贴近她柔波似的心胸——消溶，消溶，消溶——溶入了她柔波似的心胸”！多么甜蜜温柔。情人的抚慰，融融的，暖了他的胸。这就是爱情。

也许是上天有意，就在徐志摩与陆小曼频繁往来的时候，王赓被调往哈尔滨任警察厅厅长。原本就是志趣相投的人，再得了机缘，于是，徐志摩与陆小曼的爱，开始肆意地放纵，仿佛这世上再没有其他人存在似的，情浓得再也化不开。

陆小曼像是一道光照进了他原来灰暗的灵府，点亮了他的心火。原本在情人间最平常不过的调笑，也能激发诗人最澎湃的诗潮。不过是玩笑间，陆小曼娇嗔吐出一个“疼”字，在徐志摩的诗里，都是浓情带着缠绵：“那‘疼’，一个精圆的半吐，在舌尖上溜——转。一双眼也在说话，睛光里漾起心泉的秘密。”

那怎么也看不够的爱人，当然也得用笔写下，记录她是徐志摩的眉：你看她郊游时，快活逍遥一“一闪光艳，你已纵过了水，脚点地时那轻，一身的笑。像柳丝，腰娜在俏丽的摇……”你看她安睡时，一样美丽娇艳，就像“星光下一朵斜欹的白莲……香炉里袅起一缕碧螺烟……三春的颜色移上了她的香肌，是玫瑰，是月季，是朝阳里的水仙，鲜妍，芳菲”！

徐志摩在陆小曼流动的生命里筑起了一座爱墙，在那里，他的爱纯钢似的强，“任凭秋风吹尽满园的黄叶，任凭白蚁蛀烂千年的画壁；就使有一天霹雳翻了宇宙，——也震不翻你我“爱墙”内的自由”！用浪漫情诗说出的爱的誓言，如此执着而坚强。

从此，徐志摩变得什么也不要了，陆小曼已经给了他“完全的甜蜜的高贵的爱情”。

这对才子佳人，在当时都是风流的人物，本就活在众人眼底，一点风吹草动都能引起话题，更何况他们的交往，已然热烈到盲目，忘记了遮挡。于是，陆小曼的母亲知道了。任你多开明，任外头的新潮、解放已经吵得有多凶，但已婚的女儿与人私通，在哪个做父母的眼里，不是一件有辱家风的事？放着好日子不过，什么精神不精神，都是外国小说上的行为，在长辈眼里，都是无谓的话。因此陆家家长禁止了徐志摩与陆小曼的往来。

原本徐志摩得着陆家长辈的宠爱，在陆家进出自如，但这下，他几次去找陆小曼，勃勃的兴致都被守门的仆役兜头浇了凉水。无奈，只好学旧戏文中的情形，贿赂了挡驾的门人。使了这一手，门就打开了缝。可几次下来，门人的胃口却越来越大，一次竟要了徐志摩五百元。但这不是最令情侣头疼的地方，更头疼的是，陆家的丫环们，总是纠缠。她们甚至将徐志摩送给小曼的香水，名贵饰物，乃至书信都扣下……可怜陆小曼虽然心里清楚，但却也说不得。

渐渐地，整个北京城知道了。这段风流韵事被人嚼成了渣。最后，王赓也知道了。被自己信赖的兄弟扣上了绿帽子，这怨与恨，凡是个男人都吞不下，更何况王赓是个军人，自有军人的硬脾气。听说，他为此事摔了枪。那时的王赓正在孙传芳的五省联军司令部里任参谋长。按说北洋军阀治下，王赓身居这样的职位，举起枪对着徐志摩扣动扳机泄愤，于公于私外人都无法多说一句。但他没有这样做，毕竟也是儒将。不对徐志摩喊杀，站在王赓的角度看，便是极大的风度。也正是这风度，足以让徐志摩愧得避开。

欧游漫录，爱的疗伤

“龙龙：

离别当然是你今晚纵酒的大原因，我先前只怪我自己不留意，害你吃成这样，但转想你的苦，分明不全是酒醉的苦……”

离别，是因徐志摩要去欧洲。

一个月前，徐志摩接到恩厚之从南美寄的来信，说是泰戈尔正想他想得厉害，希望能跟他在意大利见上一面。泰戈尔想他想得紧，可徐志摩此时正为了他与陆小曼的爱情肝肠寸断，绝不想离开北京。但他还是回了信，告诉他最亲爱的罗宾爹爹，自己虽然不愿意离开北京，但一想到罗宾爹爹病了，想他了，就禁不住眼中蕴泪，坐立不安。于是，他决定，无论如何一定要在 3 月里跟老爹见上一面。

他在这个当口走，虽说是应泰翁邀请赴欧，可明眼人一看便知，徐志摩多半是借这次离开，避避与陆小曼情事的风头。

大多数时候，感情没有理智与道理可言。徐志摩与陆小曼的爱情，在情感上或许能为人所理解，但在道德上，他们着实理亏。那还是 20 世纪的 20 年代，旧道德容不得他们。即便在今天，新道德无论再怎样提倡开放，也无法原谅他们。徐志摩面对舆论，或许还能倚仗着他的理想与激情挺着胸面对，但王赓，他要如何面对？无论自己眼里的爱情有多高贵，理想有多纯洁，他徐志摩总归夺了兄弟妻。

所以，你可以说他的离开，是为了逃。逃开一时之间的满城风雨，逃开王赓；你也可以说，这是他的自罚。就如他自己所说，这是一次“自愿的充军”；你或许还可以说，他是为了沉淀自己的情感，理清自己的思绪，细想与陆小曼的情感出路。无论如何，徐志摩打算离开了。

1925 年 3 月 9 日晚，酒宴，饯行。

新月社的朋友们在场，陆小曼出席，王赓也出席。这不是一去不回的旅程，但因感情的波折，这酒吃得反倒像是为了一次永诀。陆小曼大醉，连叫着：“我不是醉，我只是难受，只是心里苦。”小曼苦，徐志摩也苦。他想抱着他的眉，让她安稳，让她舒服，可是王赓在，所以，他只能站在一旁看，轮不到他来疼他来爱，而只能揪着心，咬紧牙关替陆小曼熬着。好不容易，人群散去，他含泪，把爱恨情痴写在纸上：

“我的肝肠寸寸的断了，今晚再不好好的给你一封信，再不把我的心给你，我就不配爱你，就不配受你的爱……我现在不愿别的，只愿我伴着你一同吃苦……

我只能站在旁边看，我稍微的一帮助就受人干涉，意思说‘不劳费心，这不关你的事，请你早去休息吧，她不用你管’！……

……愤，慨，恨，急的各种情绪就像潮水似的涌上胸头；那时我就觉得什么都不怕，勇气像天一般的高，只要你一句话出口什么事我都干……

我人虽走，我的心不离开你，要知道在我与你的中间有的是无形的精神线，彼此的悲欢喜怒此后是会相通的，你信不信……”

信的最后，他不忘嘱咐陆小曼等他回来。他说，“只要你决意等我，回来时一定使你满意欢喜。天下没有不可能的事——只要你有信心，有勇气，腔子里有热血，灵魂里有真爱。”这信一写，便写了整整一夜。

从信上看，徐志摩似乎对他与陆小曼的事情有了解决的方法，以

至于“回来时一定使你满意欢喜”。但现实中，徐志摩看起来并没有明显的举动。他只是一边周游，一边等着与泰戈尔汇合。不但如此，他这次欧洲之旅，倒像是专程为了做清明去的。

在写给《现代评论》的通讯中，徐志摩说：“我不仅上知名的或与我有关系的坟……我每过不知名的墓园也往往进去留连，那时情绪不定是伤悲，不定是感触，有风听风，在块块的墓碑间且自徘徊，等到斜阳淡了再计较回家。”

过莫斯科，他凭吊了克鲁泡特金、契诃夫，瞻仰了列宁遗容；到佛罗伦萨，他去了但丁、勃朗宁太太、米开朗琪罗的坟；在罗马，他拜谒了雪莱、济慈；等到了巴黎，他不但去了伏尔泰、卢梭、小仲马、雨果、波特莱尔、曼殊斐尔的墓前，还哭拜了茶花女、卡门。

凭吊是将精神的迷茫托付理想的偶像。徐志摩带着一颗惶惶的心来，因为道德与理想的拉扯，人情与现实的残酷，一切都在危及他的信念。在出国前，3 月 4 日，他写给陆小曼一封信，第一句话便是：“你知道我这次想出去也不是十二分心愿的，假定老翁的信早六个星期来时，我一定绝无顾恋的想法走了完事……”可见，他想过放弃，但或许是幸运，泰戈尔的信晚了六个星期才来。

既然机缘不许他放弃，那便只有坚持。寻访伟人，便是为了给自己的意念注入坚定的心血。雪莱、济慈、伏尔泰、卢梭、曼殊斐尔，都曾在他心里种下浪漫与激情。现在，他重来探访，静静凝望，幽幽冥想。一次次瞻仰英灵，一次次缅怀这些痴男怨女的爱与痴，亦是在回望他曾有过的理想，坚定他现在怀抱的追求。或许就在这墓园里听风的时候，生者的信仰与死者理想再一次地，产生了共鸣。

自己的理想坚定了，就盼爱人的想法与他一样。但他与陆小曼中间隔着远远的距离，她的身边还有家人跟朋友在干扰她，所以他生怕爱人忘了自己，于是便写信对她说：“你不能忘我，爱，你忘了我，我的天地都昏黑了。”他必须鼓励他的爱人，让她明白，他们之间的真爱“一定有力量打破一切的阻碍，即使得渡过死的海”。

可有时，陆小曼捎来的信中，总透着绝望的语气。这对徐志摩而言，无异于一把杀人的刀。但他不能退却，他必须鼓舞她，给她勇气。“能勇就是成功，要大抛弃才有大收成，大牺牲的决心是进爱境唯一的信道。”还有些时候，陆小曼免不了因顾念家人的情感，而显得软弱。这时，他得坚定爱人的信念，让她抛却妇人之仁：“你说老太太的‘面子’……我不知道要杀灭多少性灵，流多少人的血，为要保全她的面子……这是什么时代，我们再不能让社会拿我们的血肉去祭迷信！”他告诉陆小曼，他们俩人的命运，就在于她的决定，而她决定的日子，就是他们的理想成功的日子。

一封封信，连连地发，纵使隔着半个地球，他也没有忘记让自己的精神与陆小曼站在一起，肩并肩地对抗那些因循守旧的人群与制度。这是一场与命运之神的战斗，也正是在这场战斗中，徐志摩得知，他的小儿子徐德生夭折了。

那是3月26日，他抵达柏林，去见了张幼仪。3年，这是徐志摩与她离婚后，第一次见到她。他来见幼仪，也是来见小儿子德生，却不料，幼仪挂着两行泪在等他，而3岁的幼子只剩了一撮冷灰，静静躺在小小的盒里。

这才是他真正要过的清明。

孩子生前，徐志摩仅见过他一面。那是在与幼仪签署离婚协议那天，他们刚放下笔就到医院去看孩子。小小的生命，软软地躺着，莹润的肌肤闪着生的希望，正等待着未来。徐志摩那时贴着玻璃痴痴看了好久。可那一见之后，他再也没有见过自己的孩子，只是通过他母亲的信，才知道他长高了，长得像极了自己；知道他人见人爱；知道他极有音乐天赋，3岁大就喜欢听贝多芬与瓦格；知道他睡前一定要抱着小提琴才能入睡……

如果他能长大，必定漂亮，或许能成为另一个莫扎特。他继承了父亲的性灵，母亲的坚忍，会是天底下最出色的孩子。也许是上天后悔将这样完美的品性赋予一个凡人，所以将他的性命折损。徐志摩捧着孩子的骨灰盒不断地掉眼泪，这泪里有伤痛，有愧疚，有对命运无常的哀叹：

"彼得，可爱的小彼得，我'算是'你的父亲，但想起我做父亲的往迹，我心头便涌起了不少的感想；我的话你是永远听不着了，但我想借这悼念你的机会，稍稍疏泄我的积愫……是怨，是恨，是忏悔，是怅惘？对着这不完全，不如意的人生，谁没有怨，谁没有恨，谁没有怅惘？除了天生颟顸的，谁不曾在他生命的经途中——葛德说的——和着悲哀吞他的饭，谁不曾拥着半夜的孤衾饮泣？我们应得感谢上苍的是他不可度量的心裁，不但在生物的境界中他创造了不可计数的种类，就这悲哀的人生也是因人差异，各各不同——同是一个碎心，却没有同样的碎痕，同是一滴眼泪，却难寻同样的泪晶……"

或许徐志摩此时能想起，这个从自己血肉与性灵中生生分裂出的灵魂，在他未出世时，曾遭到自己怎样的诅咒。他在生命的最初，没有得到父亲的祝福。没有福缘的幼子，就这样离开。徐志摩初次明明白白地感受到，曾经真的有一点血肉从自己的生命里分出，可惜迟了。迟到的慈爱甘液，无法滋润一株已然萎折的鲜花。他给陆小曼写了一封信，倾诉了自己的悲切，还在信里附了小彼得的照片，让小曼帮他珍藏。而他似乎也深切体验了生命无常之后，将那份永远无法对爱子表达的情谊，全都转给了陆小曼。

徐志摩对陆小曼的情意，日复一日地浓烈。他每天都在等陆小曼的来信。等不到，就仿佛被几百斤的石头压住了心，心口火热，身体冰凉，说不出的难受；只有等到了信，他才有了安慰。所以，每一次通信，他都迫切地，不厌其烦表达自己的爱意与决心，他信中的一字一句都在鼓舞他的眉。徐志摩实现了离开前的诺言，“人虽走，但心不离开你”。

小曼的挣扎

当徐志摩在海外惆怅的时候，陆小曼正在闺中呻吟。当别人做着浓浓的梦时，她静悄悄地坐在书桌前，听着街上的一声两声的打更声，听着风漏过树枝，冷冷清清呆坐着。坐到最后，惆怅得只得去寻梦，梦里徐志摩没有走。在那里他们能自由做想做的事情，没有旁人毁谤，没有父母干涉。她悔，悔她当初不该劝徐志摩离开，她也恨，恨自己没勇气，总是顾着别人的闲话生活。

在这场恋爱中，陆小曼并非毫无顾忌。很久以后，当陆小曼回想起这场疾风骤雨般的热恋时，她还清晰地记得那份，跟随着恋爱一起到来的烦恼与痛苦。她很清楚，她与徐志摩的爱，得不到家庭的谅解，更得不到社会的谅解。至少，在她还没有离婚，还是“王太太”之前，她就得背负自己的耻辱与家门的耻辱；她更清楚，她投进徐志摩生命中的爱，极有可能不但不能给他幸福，反而坏了他的一生。所以，当初劝说徐志摩应泰翁邀请出国的人中，除了朋友，也有她。

让他走吧，约好了彼此再不通信，让他到外头去洗一洗脑，借一次短暂的分别，让这段姻缘暂告一段落，让各自的生活都变回原来的方向。因此，她对徐志摩说：“你还是去走那比较容易一点的旧路吧，那一条路你本来已经开辟得快成形了，为什么又半路中断付出呢？前面又不是绝对没有希望，你不妨再去走走看……我很愿意你能得着你最初的恋爱，我愿意你快乐，因为你的快乐就和我的一样……”

这是不是真心话？徐志摩若真的得着“最初的恋爱”，陆小曼会快乐吗？也许，她会继续将自己埋在热闹的交际场里，艳羡着别人的快乐，快乐着别人的快乐。情人总是嘴里硬着，心里软绵绵的。否则，信不过迟来了几天，她怎么坐立不安，无理由地心跳，又怎么会胡思乱想，他是不是当真实践了分别时的承诺，再不写信来了？

怎么可能不通信？徐志摩的信，还是一封封地发来了。几乎是每到一站，便给他亲爱的眉写信，告诉她沿途的风光，告诉她新鲜的事物，告诉她自己无时无刻都在念着她。

徐志摩的爱情，就这样隔着远远的大洋，穿透薄薄的信笺，烘烤着她日日冰凉的心。甚至在她自认失败，决定随命运漂流，任由他人摆布的时候，徐志摩挚诚的情感，也一再地击碎她逃避的计划。她或许想不到，那个以浪漫著称的诗人，竟也能激昂如此，他说：

“来！我的爱，我们手里有刀，斩断了这把乱丝再说话——要不然，我们怎对得起给我们灵魂的上帝！是的，曼，我已经决定了，跳入油锅，上火焰山，我也得把我爱你洁净的灵魂与洁净的身子拉出来……”

其实，她并没有少跟家人争论，没少跟王赓闹。她为了爱情，决定要“拼命干一下的好”。做人为什么不轰轰烈烈做一番呢？她争取了，闹了。闹完了，就回房间倒头便哭。本就是个病美人，这样一来身体每况愈下。况且，她的应酬多得躲也躲不掉，每天拿着自己千疮百孔的身子应付别人，在精神上苦到极处，却没人知道。有时候，她会觉得，若是日子再这么熬下去，身体就再也担不起这样的愁苦，或许等不到徐志摩，这日子便要过完了。

毕竟，她不过是独自一人面对众人，徐志摩的精神支持再大，也无法解决眼前的实际。那天，母亲丢给她一封信。那是徐志摩写给母亲的，信中透着稚儿般的真诚，婉转地劝导着母亲。可是他哪里知道，那些“明珠似的话好似跌入了没底的深渊”，那些可怜的求告，丝毫打动不了母亲滑石一样硬的心肠。所以，她只能将日子一天天拖下去，

直到有一天，她再也无法拖延，陆家收到了王赓的最后通牒。当时王赓在上海公干，他给陆家写了一封信，那严肃的语气在陆小曼看来，像极了对下属的命令："如念夫妻之情，立刻南下团聚。"

父母要她立刻作决定，逼着她必须一个星期内动身去上海。她苦思了一宿，一清早便去争闹。她勇气百倍，预备拿性命来碰。可是，她大败而归。做女儿的，再狠，也敌不过父母凄凄的泪。父母到底生了她养了她，岂能害他们。于是她妥协了，牺牲了自己的爱情。她给徐志摩去了最后一封信，希望他能回来：

"摩！唯一的希望是你能在二星期中飞到，你我作一个最后的永诀。以前的一切，一个短时间的快乐，只好算是一场春梦，一个幻影，没有留下一点痕迹，可以使人们纪念的，只能闭着眼想想，就是我唯一的安慰了……要是我们来不及见面的话，苦也不要怨我，不是我忍心走，也不是我要走，我只是已经将身体许给了父母……"

这是"永诀"。乌云盖住了她的希望，黑暗暗地不见一点亮光。悲切中，陆小曼不禁生出恨：上天造出了陆小曼，为什么又造出徐志摩，让他教会了自己爱，尝了爱的苦，却不给她爱的结果。这真正是让她痛在心头，恨在脑底。

信发出去，徐志摩接到后，见事情再无法拖延，便打点行装回国。他本在早些时候就有回国的打算。因为他接到胡适从国内来的信，得知陆家与王赓松了口风。当时原想马上动身，可是，泰戈尔还没有来。毕竟是应了泰戈尔的邀约，无论如何，总得见一面。所以徐志摩还是安下心，耐心等，却还是免不了写信跟小曼抱怨：

"这回旅行太糟了，本来的打算多如意多美，泰戈尔一跑，我就没了落儿，我倒不怨他，我怨的他的书记那恩厚之小鬼，一面催我出来，一面让老头回去，也不给我个消息，害我白跑一趟……"

泰戈尔一直没等到，徐志摩趁这时候到处游玩，伦敦，巴黎。为了陪幼仪散心，他们俩人一起去了意大利。只是这期间，他的心一直挂着北京，为了陆小曼终日抑郁，食不知味。这样的徐志摩让张幼仪觉得，他对陆小曼热切超过了对爱子的哀悼，于是便拿他取笑："你来欧洲只带了一双腿，胃没带来，'心'也在别处用着。"他就这样，一路愁苦着，直到收到陆小曼的信。这下，徐志摩再也管不了泰戈尔了，打点行装匆匆回国，7 月底便到了北京。

功德圆满的离婚宴

在徐志摩出国的这段时间里，事情并非如陆小曼担心的，只是一味地坏，其中也有些积极的亮光，仍是有同情他们的朋友替他们出声，刘海粟便是。

刘海粟与陆家有同乡之谊，加上他又是陆小曼的师傅，因此陆家人视刘海粟，便少了一份看外人的生疏。曾有一次，刘海粟与陆小曼的母亲谈起小曼与徐志摩的事情，陆母对他说了心里话："当初是因为我们都喜欢王赓才把亲事定下来的。我们也不是不喜欢徐志摩，只是人言可畏。"

刘海粟听完这话，当即便向陆母提出："许多因婚姻不自愿而酿出的悲剧，希望长辈要为儿女真正的幸福而作出果断的抉择。"陆母也是知书达理的人，仔细想想也就明白了几分道理，再加上做母亲的哪有不心疼女儿的，她何尝不知道小曼为了这件事情受了太大的苦，再拖下去也不是办法。所以她最终还是松了口。这下，事情便有了转机。

胡适把这个好消息，捎给了海外的徐志摩，当下，徐志摩便有了计划。于是，他回国后，便找到了刘海粟，两人一商议，决定由刘海粟与陆母一起，陪陆小曼去上海见王赓。

在刘海粟的印象中，陆小曼动身去上海那天，来送站的人当中不乏北京的社会名流，有学者教授亦有闺阁名媛。刘海粟不免感慨，得陆小曼这样一位情人，定然需要不浅的福分。旁人有心发感慨，而徐志摩无心。对他而言，陆小曼这次南行，是一次与命运相关的搏斗，他哪有不盯紧的道理。于是，陆小曼前脚刚到上海，徐志摩后脚便跟上了。他以学术研究为名，与刘海粟待在一起，于是便有了开篇中，刘海粟与徐志摩二人的对谈。在那次谈话中，徐志摩将他与陆小曼的感情线索，详细告诉了刘海粟。

当时的刘海粟，二十多岁的年纪，留学日本归来，也是血气方刚的青年。与所有的新潮青年一样，刘海粟的血液里，同样激荡着破旧立新的因子。早在 1914 年，这位艺术青年就在自己创办的上海国画美术院开设人体写生课。这在中国，可是开天辟地的第一次。他因此成了当时人们口中的“艺术叛徒”。可他不但不退缩，反倒以此名号自居。这样的热血青年，自然也以反封建为己任。想当初，他自己也为了“自由婚姻”而逃过婚。此时，他听了徐志摩的讲述，自然倍加同情，便答应将这个忙帮到底。于是，就有了那场功德林酒宴。

功德林是一家素菜馆，环境雅致。1925 年 9 月的一天，功德林里来了这样一群人：徐志摩、陆小曼、王赓、陆母吴曼华、杨杏佛、唐瑛、李祖法、张君劢、唐腴庐（唐瑛之兄）、刘海粟。虽说刘海粟是这次宴会的召集人，但徐志摩也是半个主人——他这次，是公开向王赓要老婆。徐志摩紧张，用刘海粟的话说，这是因为徐志摩毕竟是个生性忠厚的君子。他虽然极爱小曼，但要这样公然夺好友妻，脑子里的道德束缚哪有那样容易挣脱；陆小曼心里也忐忑，她虽巴不得马上解决这愁杀人的事端，但她极深的涵养，令她看起来从容不迫，坐在母亲身边仍是仪态万端。刘海粟很佩服陆小曼当晚的举动，她的行止即不让王赓有半点难堪，也不让徐志摩觉得过分得意。

开席后，刘海粟斟酌了一番，以反封建入题，大谈婚姻应以感情为基础，否则便是有违道德，而离婚的双方应当继续保持友情，因为爱情与友谊不可混为一谈。王赓聪明，不会不明白此话的用意，终于，他举杯向众人说：“愿我们都为自己创造幸福，并且为别人幸福干杯。”用徐志摩的话说，王赓“开眼”了。他在这次宴会后，表示自己同意与陆小曼离婚。1925 年 9 月，王赓便与陆小曼办了离婚手续。一场功

德林酒宴，似乎圆满了一场功德，陆小曼与徐志摩的日子迎来了云破日出后的第一道光束。

陆小曼自由了，可是这一对冤家，那时虽同在上海，但那场功德林宴会后，却总也见不上面。不奇怪，毕竟两人的关系现在正处在风口浪尖上，虽然王赓应了要离婚，但两人还是不能太张扬。为此，徐志摩心情郁闷得很，他写信给胡适诉苦：

“今天又是淫雨天，爸爸伴我来（杭州），我来并无目的，只想看看影踪全无了的雷峰，望一望憔悴的西湖，点点头，叹叹气，回头就走……适之，这心到底是软的，真没法想，连著几晚真是：

我长夜里怔忡，

挣不开的噩梦，

谁知我的苦痛？

眉影踪全无，料来还在上海，我离南前大致见不著了……”

真是字字句句透着惨淡。其实，徐志摩也曾约了陆小曼到杭州来私下里会面。他以为小曼会来，一个人跑去车站守着，但冤家不曾来，无奈，拿出日记本写下几句：

“去车站盼望你来，又不敢露面，心里又层的难受，结果还是白候，这时候有九时半！王福没有电话来，大约又没有到，也许不叫打，这几次三番想写给你可又没法传递，咳，真苦极了，现在我立定主意走了。”

记这日记的本子，便是日后著名的《爱眉小札》。徐志摩从欧洲回来时，便将它随身带着，只记他的小曼，只写他对小曼的恋。今天，他记的，是他来车站等她，站在车站远远看着，想见却不敢靠前的窘相。无奈，这次等小曼等不来，而徐志摩却是非走不可了。他答应了陈博生和黄子美要接办《晨报副刊》。

飞扬，我有我的方向

接手《晨报副刊》

其实，徐志摩早想要办份报纸。想他回国之初，老师梁启超有意推荐他当《时事新报》副刊《学灯》的主编。虽然有梁任公推荐，但徐志摩毕竟刚刚回国，一无名气，二无根基，所以《学灯》主编一事未能如愿。不久以后，张君劢的“理想会”要办一份月刊，名为《理想》。他向徐志摩要稿子，当然，也拉了徐志摩入伙。因《学灯》一事抱负未展的徐志摩欣然同意，挥笔写就《政治生活与王家三阿嫂》投了过去。结果，徐志摩发现，那《理想》月刊永远只是“理想”，一直出不了娘胎，他失望至极。

再后来，《晨报》负责人黄子美听说徐志摩有意办报，就想让他为《晨报》办个副刊。但当时的徐志摩已然没有先前的踌躇满志，此时的他，正为着陆小曼的事情心神不定，所以对黄子美的提议一直没有上心。

徐志摩自已不上心，可是他的朋友们却替他上心。当他说要去欧洲散心时，陈博生和黄子美都不放他走。情急之下，他只得应承，说从欧洲回来后，一定接办《晨报副刊》。等他从欧洲回来了，陈博生他们便讨债似地逼他赶紧兑现办报的承诺。可是，那会儿的徐志摩还在为着陆小曼的事情伤情呢，哪里顾得上办什么报纸。这下陈博生急了，无奈之下，他联合众人演了出戏来激徐志摩。

这天，陈博生在《晨报》报馆里摆开宴席，约了徐志摩，陈西滢，张若奚等几个朋友吃饭。徐志摩知道，这是要让几个人当说客了，可他想不到，席间居然有人对他接办《晨报副刊》提出了反对意见，理由是：徐志摩不配办报纸。他这样的人，只配东游西荡，偶尔写点小诗解闷。甚至还有人说，副刊这种东西是“该死”的时候了。

说到这里，陈西滢干脆说：“我也不赞成徐志摩办副刊，因为我最厌恶副刊。我主张处死副刊，趁早扑灭这流行病。如果是冲着这目的，我倒是支持志摩办副刊的。志摩，我给你两条建议：第一步，你逼死别家的副刊。第二步，掐死自己的副刊，从此人类可永免副刊的灾殃。”

大家听了陈西滢这话，都笑得停不住。陈博生趁机开始利诱，说徐志摩啊，如果你要办报，另起炉灶的话总得要自己贴钱，现在《晨报副刊》现成给你了，还有薪水可以领，多好的一件事。

一通激将，威逼加利诱，徐志摩总算动了心。想他原来一直“心不定”，遇到感情的事情，又把一切抛在脑后，只活在自己的情绪里，或许浪漫的诗人，注定感性大过于理性。所以，虽然他对理想总是执着，但却也总是脚跟无线，无目的地忙碌着。现在，朋友们对他还是信任，愿意把一份报纸交给他来办。自己的理想总算有人愿意帮他实现，还有什么可推辞的？接手就是，但是他又一想，《晨报副刊》是日刊，这意味着每天都要出一张报纸，多难啊。这一下脑子又胀起来了，于是便开条件道：“我也愿意帮忙，但日刊实在太难，假如晨报周刊或是甚至三日刊的话，我总可以商量。”

陈博生一听，手一拍：“好！你就管三天副刊！”就这样，徐志摩有点半推半就地接编了《晨报副刊》。

接手了《晨报副刊》，徐志摩的理想有了崭露棱角的平台。他的“棱角”是什么？是他的态度，主张与思想。

“我自问我决不是一个会投机的主笔，迎合群众心理，我是不来的，谀附言论界的权威者我是不来的，取媚社会的愚暗与褊浅我是不来的；我来只认识我自己，只知对我自己负责任，我不愿意说的话你

逼我求我我都不说的，我要说的你逼我求我我都不能不说：我来就是个全权的记者……我自己是不免开口，并且恐怕常常要开口，不比先前的副刊主任们来得知趣解事，不到必要的时候是很少开口的。”

这就是徐志摩，只对自己负责，不迎合，不谀附，不取媚。正是这份对自由的追求，与对个性的提倡，让徐志摩的形象看上去，不仅限于浪漫诗人，同时也是一个具有独立思想的知识分子。尽管，这个知识分子看上去感性与浪漫永远大于理性与现实。

自己人的文艺圈

如今，徐志摩从英国回来已有三五年。三五年，给一个普通人能做些什么？一场真心实意的恋爱也便满了。但徐志摩在这三五年里，不但经历了一场刻骨铭心的失恋；更打造了一场惊世骇俗、毁誉参半的热恋；他写了诗文若干，惊艳了暮气沉沉的中国；还创办了属于自己的社团，开一代文学流派之先声。现在，他不过才 28 岁，就接手了《晨报副刊》，当了主编。上天眷顾徐志摩，就是这份被“逼”接手的报纸，在他的主持下，竟成了日后与《京报副刊》、《民国日报·觉悟》、《时事新报·学灯》齐名的，五四时期中国四大报纸副刊之一。

徐志摩“入主”《晨报副刊》，无疑开启了《晨报副刊》的“徐志摩时代”。这么说总有道理，先看徐志摩为《晨报副刊》找的撰稿人：梁启超、赵元任、张奚若、金岳霖、刘海粟、闻一多、任叔永、丁西林、陈西滢、胡适之、张歆海、陶孟和、江绍原、沈性仁、凌叔华……这些的名字眼熟？哪能不眼熟，都是平日里走动的朋友，大多也是新月社的友人。单看这些名字，也就怪不得其他人说，《晨报副刊》是徐志摩的，更是新月社的。的确也是新月社的，徐志摩正是要借着这份报纸好露一露他的棱角；原本松散的新月社能因这份报纸的联结得以团结，何乐而不为呢？

说是《晨报副刊》的“徐志摩时代”，还因徐志摩一来，晨报的风格便整个地照着徐志摩走。他早先接办的时候便对陈博生他们说了：“我说我办就办，办法可得完全由我，我爱登什么就登什么。”徐志摩说办法由着他，这第一件事，就是把报纸的刊头先换了。原来的刊头

只是几个楷体字外加年月日期数，太不符合徐志摩的艺术审美要求。先是那几个字太平常，于是徐志摩找来前清举人书法家蒲殿俊，重新提了刊名，写的是隶书。还不够，单是字有些单调，于是，找来凌叔华照着琵亚词侣的一张扬手女郎图画了一幅放在刊头。

结果，这画因徐志摩的一时疏忽，让外界误以为是凌叔华“剽窃”了琵亚词侣的作品。虽然后来徐志摩写文章解释清楚了，但凌叔华后来总被人拿这事说事。一直到来年 5 月，凌叔华还气哼哼地为这事抱怨徐志摩。所以，后来的晨报副刊头画，换成了闻一多的画——一个男子站在山崖上，瘦骨嶙峋，绝望呐喊。

“办法由着他”的第二件事，便是对《晨报副刊》的编排做了调整。先是版式，由原来的八开八版，改成了四开四版；然后是出刊的日期。原来《晨报副刊》是日刊，到了徐志摩这里，便是周一、三、四、六四天出刊，且偏重于文艺。比如，有罗志希、姚茫父、余越园谈中国美术，邓以蛰来谈西洋艺术；有余上沅、赵太侔谈戏剧，谈文学，而西洋音乐则有萧友梅、赵元任；中国音乐，自然是李济之谈。

看起来，《晨报副刊》的徐志摩时代，真正来临了。为它撰稿的人，在它那里所发表的文章，都符合徐志摩的趣味。很明显，他就是要借着这个大平台团结他的新月同仁，而不为发行量迎合读者，不为党派依附上层言论。《晨报副刊》成了徐志摩最有力的思想武器。这里激荡着徐志摩的思想主张，同样也激荡着新月社价值观念。有了它，徐志摩终于有了一个可以发声的地方。

虽说《晨报副刊》多多少少成了徐志摩自家人的地盘，但它并不封闭。但凡优美忠实的文字，也总是能被他发现，比如沈从文的《市集》；有时，哪怕是反对意见，只要写得漂亮，徐志摩也一样照刊不误，后来的两次文坛大讨论，也亏了徐志摩的不分正反的刊文。但这里，先说沈从文的《市集》。

沈从文原来潦倒。在刘勉已还是《晨报副刊》主编时，沈从文曾给他投过三四篇文章，换稿费交二十块房租。其中有一篇便是《市集》。徐志摩接了报纸后，发现了这些文章，而且一眼便看上了《市集》。他折服于沈从文白描式的笔触，欣喜之余便将它发表了。徐志摩掩饰不住对这文章的欣赏，在全文发表了沈从文的文章后，还在后面加了一段附注：

“这是多美丽，多生动的一幅乡村画。作者的笔真像是梦里的一支小艇，在波纹瘦鳒鳒里的梦河里荡着，处处有着落，却又处处不留痕迹；这般作品不是写成的，是‘想成’的。给这类的作者，批评是多余的：因为他自己的想象就是最不放松的不出声的批评者；奖励也是多余的：因为春草的发青，云雀的放歌，都是用不着人们的奖励的。”

却不料，这样赞美的文字，沈从文见了，却背脊发凉。因为这文章，是在《燕大周刊》发表过的，《民众文艺》也曾转载。原来报纸刊发的时候，用的只是他的笔名，而现在，徐志摩把“沈从文”三字写上了。或许是凌叔华刊首图事件让沈从文心有余悸，亦或许是沈从文一稿多投的事情总让人产生不好的印象，所以连忙写了声明到《晨报副刊》解释。徐志摩当然把沈从文的声明全文发表了，完了还不过瘾，他在沈从文的声明后，又加了自己的附注：

“从文，不碍事，算是我们副刊转载的，也就罢了。有一位署名‘小兵’的劝我下回没有相当稿子时，就不妨拿空白纸给读者们做别的用途，省得挽上烂东西叫人家看了眼疼心烦。我想另一个办法是复载值得读者们再读三读乃至四读五读的作品，我想这也应得比乱登的办法强些。下回再要没有好稿子，我想我要开始印红楼梦了！好在版权是不成问题的。”

这便是徐志摩的风格，有点义气，有点潇洒。

从沈从文的事情上，也透露了徐志摩办报纸的另一个风格：总

喜欢在别人的文章后面，加上一段附记、按语之类。这到底是得谁真传？恐怕是梁启超。话说当年蒋百里写了篇《欧洲文艺复兴史》，洋洋洒洒五万字，交给梁启超作序。结果梁先生这序一作，也是五万字。五万言的文章作序怕是不妥，于是梁先生重新为蒋百里的书写了一短序，把自己的五万言长序改作著作给出版了。

徐志摩在当主编时，竟也有这样的时候。比如，张若奚投来一篇《副刊殃》，不过一千字。结果，徐志摩在后面加了附注，竟有两千字之多；比如刘海粟投来一篇《特拉克洛洼与浪漫主义》短文，也不过一千来字，结果徐志摩给它的附注竟有三千字之多。所以，他的附注被“扶正”，独立成文发表了。

徐志摩喜欢写附注，也是因为有话想说，便借着作者的话一并说了。太长的按语到最后喧宾守主，这分理直气壮也着实可爱。徐志摩自认这是一种“毛病”，但他这“毛病”却便宜了读者。除了评介作者，徐志摩也总喜欢在附注里谈谈他选文章的想法，谈谈报纸的稿件都是如何来的。他的附注，有时就像电影花絮一样给了观众以得见幕后制作的乐趣。

著名的闲话事件

徐志摩在接办《晨报副刊》以后，新月社众人有了自己的发声管道。徐志摩领着他的撰稿团队几番驰骋，文名渐盛，当然，麻烦也不少，最麻烦的一件，要数“闲话事件”。这件事情说起来，也是件意外。

新月社成员陈西滢不但给《晨报副刊》撰稿，同时也在《现代评论》上主持专栏，名曰“闲话”。陈西滢在专栏里，或写文化批评，或论时事，所有文章的题目一律定为《闲话》。

1926 年 1 月 9 日，陈西滢写了一篇关于法郎士的文章，登在他的专栏上。后来，它被收进著名的《西滢闲话》中，定名为《法郎士先生的真相》。这是一篇文化评论，陈西滢在其中对法郎士的文字风格发表了看法，兼谈了他的一些趣闻逸事。文章干净利落，正是陈西滢的一贯风格。

两天后，1 月 11 日，徐志摩正发愁，他的《晨报副刊》缺稿了。徐志摩正当无计可施之时，看到了陈西滢的那篇关于法郎士的文章。真是不错，妩媚可羡，徐志摩当下喜欢得不得了，又想起自己早先也曾在《晨报副刊》发表过一篇《法郎士先生的牙慧》，于是提笔写了一篇《“闲话”引出来的闲话》。

徐志摩下笔时也只是想再谈一些关于法郎士的话。后来可能是因为他太喜欢陈西滢，也实在佩服陈西滢那篇文章写得干净灵巧，于是，他着了魔似地笔下一滑，把那篇《“闲话”引出来的闲话》写成了“西滢颂”。其中对陈西滢的夸赞，颇有“吹捧”的嫌疑：

“……西滢是分明私淑法郎士的，也不止写文章一件事——除了他女性的态度，那是太忠贞了，几乎叫你联想到中世纪修道院里穿长袍喂鸽子的法兰西派的‘兄弟’们……西滢就他学法郎士的文章说，我敢说，已经当得起一句天津话：‘有根’了……像西滢这样，在我看来，才当得起‘学者’的名词……他学的是法郎士对人生的态度，在讥讽中有容忍，在容忍中有讥讽；学的是法郎士的‘不下海’主义，任凭当前有多少引诱，多少压迫，多少威吓，他还是他的冷静，搅不混的清澈，推不动的稳固，他唯一的标准是理性，唯一的动机是怜悯……”

这闲话说多了，麻烦就来了。

这天晚上，徐志摩回家后，继续为凑稿子的事情发愁。原来以为，又得熬到半夜了，不曾想家里正有稿子等着他呢。那是周作人写来的《闲话的闲话之闲话》。徐志摩看了，周作人的文章满满的，全是对陈西滢和自己的攻击，而且看起来，似乎是因为自己原先的那篇“西滢颂”把陈西滢夸过头了，这才引起周作人的不满。尤其是针对徐志摩说陈西滢对女士太忠贞，周作人这么评价：

“忠贞于一个人的男子自然而然也有，然而对于女性我恐怕大都是一种犬儒态度罢。结果是笔头口头糟蹋了天下女性，而自己的爱妻或情人也就糟蹋在里头。我知道在北京有两位新文化新文学的名人名教授……扬言于众曰：‘现在的女学生都可以叫局。’这两位名人是谁，这里也不必多说，反正总是学者绅士罢了……许多所谓绅士压根儿就没有一点儿人气，还亏他们恬然自居于正人之列……像陈先生那样真是忠贞于女性的人，不知道对于这些东西将取什么态度：讥讽呢，容忍呢……”

徐志摩不明白，即便在先前的文章里夸陈西滢夸过了头，周作人何至于生这样大的气？

虽然心里有疑问，但正为稿子发愁的徐志摩，忽然得了现成的文章心里还是开心，无论如何舍不得放掉，于是便决定刊登。同时，徐志摩觉得总归是自己的笔惹了祸，所以，连夜写了篇《再添几句闲话的闲话乘便妄想解围》。1 月 20 日，徐志摩在《晨报副刊》上，将周作人与自己的文章一并发了。

周作人的文章放在头版头条，徐志摩的解围的话紧随其后：

“……我实在始终不明白我们朋友中像岂明与西滢一流人何以有别扭的必要——除非你相信‘文人相欺’是一个不可摇拔的根性。不，我不信在他们俩中间（就拿他们俩作比例）有不可弥缝的罅隙！……”

徐志摩自己心里也清楚，他这番话说出来多半是两边不讨好，但他还是愿意做个和事老。所以在文章最后，他问双方：“我来做一个最没出息最讨人厌的和事老，朋友们以为如何？”

陈西滢没有给徐志摩这个面子。周作人污他名誉的“叫局说”哪能轻易就过去。所以，他理都没理徐志摩的劝解，当天便写了质问的信，直扑周作人而去：

“先生今天在晨副骂我的文章里，又说起‘北京有两位新文化新文学的名人名教授……扬言于众曰，现在的女学生都可以叫局’。这话先生说了不只一次了，可是好像每次都在骂我的文章里，而且语气里很带些阴险的暗示。……先生兄弟两位捏造的事实，传布的‘流言’本来已经说不胜说，多一个少一个也不打紧，可是一个被骂的人总情愿知道人家骂他的是什么。所以，如果先生还有半分‘人气’，请先生清清楚楚的回我两句话：（一）我是不是在先生所说的两个人里面？（二）如果有我在内，我在什么地方，对了谁扬言来？”

“先生兄弟”，听陈西滢这话，显然是把鲁迅与周作人绑在一起对付了。陈西滢与鲁迅早有罅隙，现在，他习惯性地认为，那针对他的“叫局流言”鲁迅一定参与其中。但此时的鲁迅尚还沉得住气，毕竟，他与周作人失和在先，而现在这事儿，只是周作人与陈西滢之间的问题，所以现在他暂时没有吭气。

陈西滢的质问一出，周作人与他之间就在“叫局”一事上开始了频繁通信，几番辩驳缠斗下来，事实总算清楚：陈西滢没有说过“叫局”的话，系中间人张凤举误传。

事情清楚了，总该要道歉了。但张凤举说，他从头到尾都没有把这事写出来登报，所以向陈西澄私下道歉即可。如果张凤举这话还有接受的余地，那么周作人的态度就让陈西滢无论如何也吞不下这口气。周作人说，他从来没有在文章中公开过“陈西滢”三字，所以没有登报声明的道理。周作人在此事的态度上，从头至尾，都有欠诚恳。这让陈西滢相当不满。

所以，1 月 30 日，《晨报副刊》上发表了陈西滢的一封长信，还有陈西滢辑录的他与周作人、张凤举的通信 9 封，另外有陈西滢与刘半农的 3 封通信，全是有关此事的信。因此这期的《晨报副刊》，得了称号——“攻周专号”。

“周”不仅是周作人，还包括鲁迅。周作人自然是不能放过的，在陈西滢的那封长信中，他直截了当一剑刺出，说周作人在“叫局”事件是上是自己打自己嘴巴。而对鲁迅，陈西滢在信中更是集中功力给予打击：

“……鲁迅先生一下笔就想构陷人家的罪状。他不是减，就是加，不是断章取义，便捏造些事实……他没有一篇文章里不放几支冷箭……他常常‘散布流言’和‘捏造事实’……他常常的无故骂人，要是那人生气，他就说人家没有‘幽默’。可是要是有人侵犯了他一言半语，他就跳到半天空，骂得你体无完肤——还不肯罢休。他常常挖苦别人家抄袭。有一个学生抄了沫若的几句诗，他老先生骂得刻骨镂心的痛快。可是他自己的《中国小说史略》却就是根据日本人盐谷温的《支那文学概论讲话》里面的‘小说’一部分……”

这一击，陈西滢气势万千，尤其是指责鲁迅的《中国小说史略》为剽窃之作，真正击中文人最敏感的神经。二人的死仇，就这样结下。鲁迅再也沉不住了。2月8日，鲁迅在《语丝》上发表了《不是信》，全文六千余字，逐字逐句，对陈西滢的文章进行了尖锐而泼辣的驳斥。

陈西滢是鲁迅第一个论敌，这个论敌是鲁迅少逢的强劲对手。而陈西滢对《中国小说史略》的污蔑，让鲁迅对他记恨终生。翻开鲁迅的《华盖集》与《华盖集续篇》，他将大半篇幅，都献给了这位绝对不饶恕的对手。

周作人在鲁迅出手后，渐渐收了阵仗，但“闲话”却仍在说。卷进来说“闲话”的人也越来越多，李四光、胡适、林语堂，都加入了战局，场面混乱不堪。最后，还是因徐志摩离京南下过春节，《晨报副刊》未再登载“闲话”，众人才不算停止“闲话”。

徐志摩在这场“闲话”里是始作俑者，还是陈西滢的至交好友。作为《晨报副刊》的主编，他还必须站在中间，做个和事老。他也努力想做到中立，但事实证明他的努力如此苍白。在徐志摩心里，陈西滢在这场论争中孤单一人，而他的对手，笔杆却不只一支。这样的想法，让他的情感天秤倾向了陈西滢。

如果少了这一层，徐志摩当初是不是就不会办那期所谓的“反周专号”。但如果真是如此，后人是不是就看不到这场精彩的文坛旧事？虽然这次论战到最后，诸位文人君子丢了斯文，一些粗鄙的话都在众人的文章里出现了，一副泼妇骂街的架势，但这丝毫不影响“闲话事件”在中国文坛中的地位。

有人评价说，“闲话事件”不愧是中国文坛最自由的一次辩论，因为里面少了政治，只有人性的动机与品行，它足以成为中国现代知识分子人格研究的最佳文本；也有人说，“闲话事件”是中国文人最具才智、最具实力的一次对战，因为那时，寻衅的人机警，反击的人有力。人人矫健，人人伶俐；还有人说，这次论战，最值得让人记住的地方，或许是欧美留学生与留日学生之间，真正划开了界线。

无论其他人怎么说，对徐志摩而言，“闲话事件”意味着他的《新月》与鲁迅的《语丝》到了再也无法容忍彼此的余地；更重要的是，它让世人自此以后，无法轻视他与他的朋友们建立起的文化势力。他的新月社，从此与文学研究会、创造社，鼎足而立。

文人们的“政治疯话”

闲话事件是徐志摩主持《晨报副刊》中最值得纪念的一次论战。如果说这场“闲话”没有充分展现出徐志摩对时事的敏感，那么“苏俄仇友”的讨论，或许是他表现自己政治敏感度的一次机会。

徐志摩初归国的这几年，除了写诗外，也以一个时事评论家的姿态活跃在文坛。毕竟也是学政治出身的人，当时中国社会的诸多问题，必然引发他对时事的敏锐思考。所以，在罗文干事件后，他以一篇《就使打破了头，也还要保持我灵魂的自由》，支持了蔡元培在罗文干事件中所展现出的正义与公理；所以，在张君劢的“理想”向他约稿时，他会立刻写下《政治生活与住家三阿嫂》。所以，在拥有政治热情的徐志摩手里，《晨报副刊》不仅仅是单纯的文艺刊物，它和当时其他许多报纸一样，充满了对民主与自由的热切追求。比如，徐志摩在《晨报副刊》上，开展的那场“苏俄仇友问题讨论”。

1925 年 10 月 6 日，就在徐志摩刚刚接手的《晨报副刊》上，登载了陈启修的文章《帝国主义有白色和赤色之别吗？》。陈启修在文章中直言，苏俄是中国人民的朋友。这引发了当时清华大学政治学教授张奚若的不满。

张奚若曾经提议徐志摩办一份“疯子说疯话”的“志摩报”。这次他干脆在徐志摩的报纸上说他的政治疯话。于是，张奚若写了文章《苏俄究竟是不是我们的朋友？》来批驳陈启修。一场历时两个月的苏俄仇友问题大讨论，便这样展开。不得不说，政治学出身的徐志摩，在此类问题上，有他敏锐的眼光。他很清楚，这样的讨论，不仅与中

俄邦交有关，更重要的，是与中国国运有关。

徐志摩在这场论战中，观点与当时中国知识界的论调，当然也与大部分新月社同志的论调一样——主张苏俄一样是帝国主义。但是，徐志摩并没有因为个人的主张，而打压陈启修的言论。他依然将陈启修的文章发表了。而当苏俄仇友问题的讨论展开后，徐志摩作为《晨报副刊》的主编，在他的报纸上组织了两场讨论："关于苏俄仇友问题的讨论"与"仇友赤白的讨论"。在这两场讨论中，徐志摩大体做到了公允中立，既刊发了自己支持的言论，也刊发了自己反对的言论，两个月内，计有三十余篇相关文章见报，几乎每一两期《晨报副刊》上就会有关于苏俄问题的文章见报。

很难得不是？这样的态度，最能表现徐志摩办报的方针。他曾说："自由说话，不仅是我认为我的特权并且是我的责任。"在他的理想中，《晨报副刊》不会是任何党派的宣传工具。所以，他在这次讨论中，不以正反定文章。他的标准，是真理、真实、勇敢、坦白与一切忠实的思想，因此他发出这样的宣言："我要求每一朵花实现它可能的色香，我也要求各个人实现他可能的色香。"

然而，徐志摩在这场苏俄仇友问题的讨论中，公允也只是"大体"上的公允。他还是有意无意透露了他"反苏"的倾向。比如，把反苏的议论刊在显要位置，把亲苏的言论刊在后面；又比如，他刊登的反苏观点文章，明显多于亲苏观点的文章；比如，他在刊登的文章之前，都附有带有明显个人倾向记者前言。所以，尽管徐志摩自信他在这场论战中"无成见"，但他的这些举动，却显然让他的"无成见"大打折扣。

实际上，关于政治，徐志摩最看好的还是英国。在他眼中，不但东方人的政治，就是欧美的政治也不如英国，英国人可称是现代的政治民族。他们自由而不激烈，保守但不顽固，怀着天生多元主义的宇宙观与人生观的英国人，才最适合干政治。如此看来，徐志摩在苏俄仇友问题中的所持的立场，是长年英国思想浸淫下的自然结果；而徐志摩在骨子里，仍然是一个浪漫的诗人，所以，他那些打了折扣的“无成见”则是他内心深处的感性。所以，一场苏俄仇友的讨论，展现了《晨报副刊》在进入徐志摩时代后的独特风格；也展现了徐志摩的政治眼光，更展现了他的人性缺陷。

细细想来，在这两个月的争论中，徐志摩最亲密的战友胡适，却是一言未发。朋友们也曾劝胡适写点什么，参与讨论，但沉稳谨慎如胡适，直到 1926 年 7 月实地考察了苏联后，才给国内写信公开他的看法。胡适在这个问题上，站到了与徐志摩，以及与大多数新月社同志相反的立场上。他说，苏联正在进行的空前的伟大的政治新试验，他真是佩服极了。他甚至批评了他的同伴们，说他们总是以学者的武断，来附和传统的见解与狭窄的成见。

如果在那两场讨论中，徐志摩作为报纸主编，在立场的表达上还能有所克制，那么现在，面对胡适的言论，徐志摩放开了。他撰文直指胡适在政治上的天真与糊涂，直指胡适过分注重实干，直指胡适从留学归来后十年不曾踏出国门，而这回出国不满一个月，就可以来谈理想了。

胡适对待苏俄的态度，仿佛是一场秋风扫过《晨报副刊》，吹得原本已水面静波的苏俄讨论，起了涟漪。但这场讨论却没有继续深入下去，因为徐志摩为着自己的那点儿情感的私事再次分了心。他放下了他的报纸，准备与陆小曼结婚。

爱是一场最好又最坏的修行

古怪而尴尬的婚礼

在与王赓等人的功德林宴会后，徐志摩与陆小曼一直没有见上面，直到徐志摩到北京接办《晨报副刊》，陆小曼也没能见到他。两人得以团聚，还是因为陆小曼看到徐志摩登在报纸上的文章，这才寻了过去。

陆小曼到了北京后，徐志摩便在北京中街寻了一处院子，一起住下。事业正是风声水起的时候，而身边又有佳人陪伴，徐志摩的日子真是快乐得不知从何处说起。但是，陆小曼的家人，不会甘心让自己的女儿没名没分就这样跟着徐志摩，他们要的是一场明媒正娶的婚礼。可徐申如会同意吗？怕是很难，好在徐志摩有胡适。胡适不但是徐志摩事业上的伙伴，也是生活中的益友，最重要的是，他还是徐申如最信服的人。所以，徐志摩便写了封信：

“……爸最信服你，他也知道你是怎样知我爱我的，你如其与他恳切的谈一次天，一定是事半功倍的。总之老阿哥，烦你也烦到底了……总算是你自己弟弟妹妹的大事，做哥哥的不能不帮忙到底，对不对？且等着你回来，我们甜甜的报酬你就是……”

陆小曼也央求胡适道：“先生！并非是我老脸皮求人，求你在他爹娘面前讲情，因为我爱摩，亦须爱他父母，同时我亦希望他二老亦爱我，我受人冷眼不少了，我冤的地方只你知道……”胡适哪有不帮忙的道理。为了劝服徐申如，他在 1926 年春节前，特地到硖石停留了两天。

其实，就算没有胡适的劝说，徐申如自己也知道，他的这个儿子只要打定了主意，是无论如何也拉不回来的。他拗不过儿子，但还有最后一线希望，于是，他对徐志摩说，除非得到张幼仪本人同意，否则，便不能娶陆小曼进门。徐志摩只得同意。

于是，张幼仪回来了，再一次成了徐志摩感情世界的局内人。60年后，张幼仪还清楚地记得那次会面。仿佛是为了最后确认一次那早已经轰动中国的离婚事件，徐申如问幼仪："你和我儿子的离婚是真的吗？"

"是啊。"幼仪的语气平和。听了他的回答，徐申如露出迷惑的神情，幼仪看出，那里面还有难过。"那么，你反不反对他与陆小曼结婚？"

"我不反对。"幼仪摇摇头说。她看到，徐申如把头一撇，失望极了。他劝服徐志摩的最后一道防线，就这样崩溃了。而当时的徐志摩则高兴得从椅子上跳了起来，乐不可支。他张开双臂，仿佛要拥抱整个世界。可是，他的这个举动，却让指上的玉戒从开着的窗子飞了出去。徐志摩惊恐万状。那是陆小曼送他的订婚戒。幼仪觉得，这似乎预示着徐志摩与陆小曼之间，会发生些什么。

但无论如何，这婚到底还是结成了。徐志摩为了这场婚礼，连他的报纸也无暇顾及。最终，《晨报副刊》因为这位大主编的热情降低而沉寂。所以，靠着《晨报副刊》团结一处的新月社众人，也因"新月灵魂"的"魂不守舍"而云散。

1926年夏天，梁实秋在北平家里接到一张请柬：

夏历七月七日即星期六正午十二句钟洁樽候叙

志摩

小曼拜订

座设北海董事会

虽然没有写明为什么设宴，但因那张请柬很别致，梁实秋一看，大抵就能猜出这不是一般性质的宴会，再一打听，便知那是徐志摩与陆小曼的订婚宴。

梁实秋去了。他觉得设宴的北海董事会是个好地方，亭榭厅堂，方塘清泉，因平日里并不对游人开放，故而显得幽静宜人。可梁实秋去的那一天，那里一点儿也不清静。得有百来号人吧，杨今甫、丁西林、任叔永、陈衡哲、陈西滢、唐有壬、邓以蛰……梁实秋在当时年纪小，“忝陪末座，却喝了不少酒”。

在梁实秋出国留学前，与徐志摩并不是特别相熟，仅见过几面。后来留学期间，他曾给徐志摩主编的《晨报副刊》投稿，而最重要的是，他们有一些共同的朋友，因此回国后梁实秋便与徐志摩立刻相识了。但此时的梁实秋对陆小曼与徐志摩的事情还未十分了解，而他正是从这场宴会衣香鬓影，名流云集的宴会中听到了许多关于此事的信息。

中国人的宴会，向来不只吃饭这么简单，交流感情、交换新闻才是正经，更何况，这可是徐志摩与陆小曼的订婚宴。徐陆的这段爱情史，在这场宴会上，再次被众人翻搅得沉渣泛起。有人说，诗人与名媛，是天作之合；有人说离婚的男人与有夫之妇，是不成体统。梁实秋听着这些议论，觉得结婚离婚本是男女双方的事，与第三人无关。的确如此，但转念想想便知，如果这只是风流才子俏佳人的一时游戏，那的确也不过就是市井间茶余饭后的闲谈。可现如今，他们竟办了婚宴当了真，那么，这件事便与礼制扯上了关系，不再是笑笑就能过去的事，因此，所有人在这时都恨不得化身道德评判官。于是，众人欢喜微笑脸一转，就只剩了一张张窃窃的议论的嘴。

并不是看不见那些异样的眼神，但既然徐志摩与陆小曼能走到这一步，当然不会因这点议论止步。一个半月后，1926 年 10 月 3 日，农历八月二十七日，他们举行了结婚仪式。陈寅恪和赵元任，专程从清华赶到；从来只穿西装的金岳霖，为了当伴郎特地借了长袍马褂穿上；德高望重的梁启超，为他们证婚，而正是梁启超当日发表的证婚词，让这场婚礼旷古绝今。

“徐志摩，你这个人性情浮躁……你离婚再娶就是用情不专的证明！陆小曼，你和徐志摩都是过来人，我希望从今以后你能恪遵妇道，检讨自己的个性和行为，离婚再婚都是你们性格的过失所造成的，希望你们不要一错再错自误误人，不要以自私自利作为行事的准则，不要以荒唐和享乐作为人生追求的目的，不要再把婚姻当作是儿戏，以为高兴可以结，不高兴可以离，让父母汗颜，让朋友不齿，让社会看笑话……我希望这是你们两个人这一辈子最后一次结婚……”

也只有梁启超能这样教训徐志摩。他心疼自己的徒弟，了解他的为人，清楚地知道徐志摩的浪漫理想过分单纯。他正在用自己冲动的感情，为自己编织一张苦恼的罗网。所以，梁启超希望能在徐志摩走向灭顶的灾祸前，拉他一把。如果梁启超对徐志摩是“爱之深，责之切”，那他对陆小曼，却是无半点好感可言。在他眼里，陆小曼就是一滩祸水。他那番棍棒一样的话打在陆小曼头上，只是为了提醒她，不要把自己的徒弟“弄死”。

然而，一切只是徒劳。徐志摩与陆小曼的相遇，注定是一场现实照进理想的悲剧。徐志摩的信仰，将他的生活带进了窄仄的甬道，也将陆小曼由一场极致的幸福推向了一场极致的悲凉。

1926 年 11 月，在北京的张幼仪突然接到徐申如夫妇从天津拍来的电报：“请携一佣来我们旅馆见。”幼仪很惊讶。她知道那时徐志摩与陆小曼刚刚结婚南下，回到硖石老家。照理说，陆小曼这才刚见公婆，怎么徐申如会在这个时候到天津来？

幼仪没有多想，她尽快到了天津见了徐家二老。幼仪发现，两位老人今天异常烦恼，此前，她从未见过他们这样。怎么回事？

先开口的是徐母，她气极了，说话的语速很快，声音在发抖："陆小曼第一次来看我们，竟然要求坐红轿子。"幼仪一听，便明白二老之所以这么快便离开硖石老家，全因陆小曼不讨喜。也难怪徐母不开心，那种红轿子，需要六个轿夫扛。它在传统中国对于一个女人而言，意义非凡。那是只有第一次出嫁的女人才有权利坐的轿子，一个女人一生只能坐一次。陆小曼是离过婚的女人，提出这样的要求，徐母无法接受。

所以，徐母生气了，但陆小曼令她不满的地方，还不只这一处："还有啊，吃饭的时候，她才吃了半碗，就可怜兮兮地让志摩帮他把剩下的半碗吃完！那饭还是凉的哪！志摩吃了说不定会生病哪！"说到这里，徐申如也忍不住插话："吃完饭我们正准备上楼休息，可是你看陆小曼接下来要干什么。她竟然让我儿子抱她上楼！那楼梯有五十多级……"

"你有没有见过这样的懒的女人呀？她的脚连缠都没有缠过的！"徐母几乎是在尖叫。

二婚的女人坐红轿子，剩饭让丈夫吃，要丈夫抱她上楼，这哪一样是传统中国儿媳妇能干的事情？陆小曼真是把能惹的祸几乎全惹了。但幼仪心里清楚，陆小曼所有的举动在她自己看来，也许不过是夫妻间的生活情调。这个在北京城鼎鼎有名的交际名媛，习惯了寻找快乐，过惯了被追捧的生活，纵使结了婚，心恐怕也回不了家的。所以，陆小曼与她不同。她可以为了婚姻过笼中鸟一样的生活，但陆小曼，即便结了婚，也定然要张扬个性；她活着，为了丈夫为了儿子，但陆小曼活着的目的，不仅仅是丈夫与公婆。所以，陆小曼不讨喜，简直是不可避免的事。

徐家二老来找幼仪，因为她是徐家的"干女儿"，他们视她为徐家不可缺的人，在他们眼里，张幼仪才是一个好儿媳妇应该有的样子。但徐家二老的举动无形中让幼仪处于极尴尬的位置。她知道，徐志摩一定会为这件事情发火，这不，她才刚刚把徐家二老接到北京，徐志摩的电话便打来了："一定是你写信让爸妈去找你的，是不是！"

"不是，我为什么要这么做？"

"这叫陆小曼没面子！"

的确，真正没面子。哪有新儿媳妇刚进门，公婆就离开，跑去找前儿媳妇的？徐志摩没有想到，陆小曼进门后父母会给他这样的难堪。但与徐志摩的忿闷相比，陆小曼反倒显得轻松，没了老人的监督，生活显得自有情趣。她与徐志摩种花种草，游山玩水，倒也自在。

可是，随着北伐战争开始，硖石渐渐地卷进战争，所以，这对新婚夫妇，不得不结束他们的清静生活。1926 年 12 月，徐志摩和陆小曼为避兵灾，乘船到了上海。

上海来得有些仓促了，以后生活怎么过？徐志摩自有打算，教书。早有光华大学聘他任教，如果学校按时付薪，日子倒也可以过得下去。其实，回北京倒也是一条路，但他不愿去，因为北京的学校经常欠薪，而《晨报副刊》他也不愿再接手，所以现在，他决定在上海待下来。但直觉告诉徐志摩，上海并不适合自己。

新月书店上市记

那场北伐战争，结束了徐志摩清闲的日子，而他的新月同仁中，有许多也因这场战事被迫从北京南迁至上海。真是个不好的时节，梁实秋后来回忆说：

“这时节北方还在所谓‘军阀’的统治之下，北平的国立八校经常的在闹索薪风潮，教员的薪奉积欠经年，在请愿、坐索、呼吁之下每个月也只能领到三几成薪水，一般人生活非常狼狈，学校情形也不正常，有些人开始逃荒，其中一部分逃到上海。徐志摩、丁西林、叶公超、闻一多、饶子离等都在这时候先后到了上海。胡适之先生也是在这时候到了上海居住。同时有一批批的留学生自海外归来。那时候留学生在海外受几年洋罪之后很少有不回来的，很少有人在外国久长居留作学术研究，也很少人耽于物质享受而留连忘返。如潘光旦、刘英士、张禹九等都在这时候卜居沪滨。”

这场“逃荒”让许多人或许狼狈，但新月同仁们在上海重新聚合。这多少，成了徐志摩今后黯淡生活中难得珍贵的快乐。

徐志摩不喜欢上海，他正愁这里没有合自己脾胃的事情可以做，现在，难得新月同仁还能有机会这样聚在一处，不甘寂寞的徐志摩总能想出事来做。徐志摩想做事，也还有更现实的原因：到上海这段日子，他实在是有些缺钱花。别说陆小曼那大手笔的花钱态度，就是省，每月也得有二百元。所以，更是要做些事情。做什么呢？文人只会写点东西，没有其他特长，那么，办书店就是个不错的主意。

有了想法，那只剩下执行。徐志摩奔走最卖力，又是邀股东，又是租房子，好不忙碌。1927 年 6 月，上海环龙路环龙别墅，书店开张，名字就叫“新月书店”。余上沅任经理兼编辑部主任。这书店什么样?

蓝底白字的招牌，挂在铁棍上，棍上还有涂金新月标志。书楼两层，楼下是发行所，摆着书桌与书架；墙上挂着江小鹈的油画与朱孝臧写的招牌。楼上正房是编辑室，也挂着名人字画，还放了沙发；后面的亭子间是会计处，布置简单。新月社开张，第一天来的人挺多，据说有位叫严家迈的先生特地从江湾赶来，到了新月书店上上下下，里里外外看了一圈后，回家写了篇《新月书店参观记》登在报上，其细致程度竟连书店的方位与乘车路线都详尽道出。所以有人说，这篇《新月书店参观记》其实是书店自己人写的，权做广告宣传，而那位严家迈先生，就是梁实秋本人也说不定。

新月书店的成立，让大伙儿写的书有了自己的刊行基地。而书店第一批印行的书中，就有徐志摩的诗集《翡冷翠的一夜》和散文集《巴黎的鳞爪》。徐志摩的散文，写得也是极好，甚至比他的诗更有味道。他的文句或清新绝俗，或柔艳美丽。无论是什么样的文字，总有澎湃的情感。所以有人说，世间没有哪种情感是徐志摩表达不清的。

书店办起来了，大概七八月以后，众人又商量着办起了《新月》杂志。创刊号上，徐志摩就表明了他们的“新月态度”：要从恶浊的底里解放圣洁的泉源，要从时代的破烂里规复人生的尊严。真是宏大的抱负，巨大的使命。即便有如此责任，但众人履行起来，似乎要比常人轻松。都是会写文章的人，干的是当行本色。就算缺稿子，徐志摩组织一两次饭局，谈笑间，大家便把稿子凑齐了。

就这样，《新月》成了继《晨报副刊》后，新月同仁表达自己、展现自己的又一阵地。到此，新月社终于有了成熟面孔。而所有谈论中国新诗历史的人，从此以后再也避不开“新月诗派”。

只是，这一群人一时际会聚在了一起，组织不严密，决心也不

大，每个人或多或少都还有些自由主义的倾向，各有各的路数，所以矛盾不能说没有。比如，徐志摩热情高涨的时候，考虑欠周，没跟大家商量，就一厢情愿地给《新月》定了名，把社长给了胡适，使得大家不满。不满的话传了出去，胡适也一度想要退出。这是小事，严重的是，办刊的方针出了分歧。

胡适与罗隆基主张新月要谈政治，而徐志摩与邵洵美等人却主张“向后转”，不谈政治。

徐志摩谈论政治的时候很少很少，或许是因为当年在英国与曼殊斐儿见面时，她希望他不搞政治。她曾愤愤地对徐志摩说，现代政治的世界，不论哪一国，只是一乱堆的残暴和罪恶。曼殊斐儿于徐志摩，是女神般的存在。她的一番话，对徐志摩产生的影响力可想而知。

分歧大了，有一些人便走了，新月一度陷入危机。但徐志摩还是勉力维持着，总算撑了下来，但这一切在叶公超眼中，却并不是个好兆头：“新月同仁的书生本色和天真心性，以这些人写文章或研究学问会有成就，要他们办杂志开书店，是注定了要失败了的”。这话不是没有道理。胡适也曾就新月内部的矛盾，发了如下感慨：“我们的民族是个纯粹个人主义的民族，只能人自为战，人自为谋，而不能组织大规模的事业……岂但不能组织大公司，简直不能组织小团体……”

新月成员间的矛盾，不用看其他，单看《新月》编辑的名字总有不同便可见端倪。先是徐志摩、闻一多、饶孟侃一起编了几期，后来换了梁实秋、潘光旦、叶公超、饶孟侃、徐志摩一起。但就算新月曾因、罗隆基等人的政治言论而屡陷麻烦，就算徐志摩、邵洵美也总是要为成员们惹出的麻烦善后，新月成员间还是和睦的。办刊方针不一，并不影响他们之间的情谊。也许，这是他们共同的西方教育背景，让他们形成了民主的做事绅士风格，或许也仅仅是他们每个人的性情使然，亦或许，这也是那个时代的风致与气度。

婚姻的泥潭

上海是陆小曼长大的地方，她在这里最热衷的事情之一，便是唱戏捧角。捧角，她捧红了袁美云、袁寒云；唱戏，她把自己唱成了不输专业演员的最佳票友。多少人为了请她登台，亲自登门邀她演出，又有多少人以一睹台上的陆小曼为荣。这就是一代名媛的名声与魅力。陆小曼在这里甚至不必特别应酬，不过几个月，就把整个大上海交际圈玩在了手心，纸醉金迷的都市被她撩拨得愈发令人迷醉。

在福煦路四明新村高级住宅区里，陆小曼租了一幢每月银洋一百的洋楼，楼里有男仆、丫头，衣着入时不输主人家，这是名媛的排场。除了这些，名媛的排场，也是买东西可以不问价格，不问家中是否需要，只随高兴；名媛的排场，还是一月最少银洋五百（合人民币两万元一月）的开销。这位名媛，排场太大，所以排到最后，不过是一场无度的挥霍。

若只是挥霍，倒也没什么可以怨的。陆小曼本来就是这样的女人，从小到大一直都是。她受的教育与成长的环境，决定了她生来就是被捧在手里养着，养不养得起，那要看徐志摩自己的本事。但问题在于，陆小曼不止挥霍了钱，也挥霍了她与徐志摩的日子。

何竞武的女儿何灵琰是徐志摩与陆小曼的干女儿。四十多年后，何女士回忆起住在上海福煦路四明新村的陆小曼时说："干娘房间里总是阴沉沉地垂着深色的窗帘，连楼上的客堂间和小吸烟间也是如此。她是以夜为昼的人。不到下午五六点钟不起，不到天亮不睡，每天到上灯以后才觉得房子里有了生气。"看得出来，那时的陆小曼，染上了

鸦片瘾。其实陆小曼自己也知道，吃鸦片烟不是好事，但她本是多病的人，当年在北京简直就把医院当家那样住。而自从那个叫翁瑞午的男人劝她吸了几口鸦片烟之后，她竟觉得百病全消。

那翁瑞午，也是个英俊潇洒的人，而且同样出身不凡。他是翁同龢的侄孙，父亲翁绶琪，是前清光绪年间举人，金石书画造诣深厚，家中收藏甚富。翁瑞午小时在父亲影响下，也研习书画。后来拜了名医丁凤山为师，学了一手精妙推拿，挂牌行医，医名甚佳。翁瑞午能认识陆小曼，也正是因为那一手推拿。

陆小曼初到上海时旧病复发，虽遍寻名医，但治疗效果并不好。于是便有朋友介绍翁瑞午来为小曼推拿。经翁瑞午推拿诊治的陆小曼，觉得精神大好，徐志摩因此对翁瑞午感激不尽，而翁瑞午也因此成为徐志摩夫妻二人的常客，与他们成了朋友。

陆小曼与翁瑞午，都爱戏剧，都喜绘画。共同的爱好从来都是人与人情感的粘合剂，而陆小曼时时发作的病情，也需这个英俊漂亮的年轻人推拿舒解。尽管翁瑞午的推拿手艺好，但终归治不了本。且陆小曼也实在经不起那病时时复发的折腾。于是，她听了翁瑞午的劝，开始吸鸦片烟。

陆小曼似乎越来越离不开翁瑞午的陪伴，翁瑞午也愈来愈频繁地出现在徐志摩家中，频繁到他在陆小曼身边的时间，比徐志摩更多。于是，坊间便有了茶余饭后聊天的话题。徐志摩自然看在眼里，听在耳里。但他倒是豁达，他说："男女的情爱，既有分别，丈夫绝对不许禁止妻子交朋友，何况芙蓉软榻，看似接近，只能谈情，不能做爱。所以男女之间，最规矩最清白的是烟榻。"

这是开解别人，还是在安慰自己？或许只有徐志摩自己知道。

生活就像戏，每个人都是被命运钦点的观众。所以，无论徐志摩再怎样豁达，他都必须面对陆小曼与翁瑞午带给他的纷乱。

那是一场名叫《玉堂春》的戏，在夏令配克电影院演出。戏台上没有角儿，都是票友。一个是陆小曼，演苏三；一个是徐志摩，演红袍；演王金龙的不是别人，正是翁瑞午。这场戏，本身是极好极轰动，因为演戏的人极具专业水准。但这不是这场戏最让人关注的地方，它轰动的效应，是它引得一家无聊小报，添油加醋地写了一篇下流文章，影射了陆小曼与翁瑞午间的风流八卦，攻讦了徐志摩的品格。

于是，陆小曼与翁瑞午的话题，从台面下，被摆到了台面上。徐志摩终于意识到，他活在世俗里：

“我想在冬至节独自到一个偏僻的教堂里去听几折圣诞的和歌，但我却穿上了臃肿的袍服上舞台去串演不自在的‘腐’戏。我想在霜浓月淡的冬夜独自写几行从性灵暖处来的诗句，但我却跟着人们到涂蜡的跳舞厅去艳羡仕女们发金光的鞋袜。”

他与陆小曼浪漫热烈的爱，到了最后终是还原成是泥泞。这才是日子。这与他原先的期望太不相同。原本以为，陆小曼会是他这辈子的成绩与归宿，原本以为，陆小曼会像原来一样看他写的文章，鞭策他，带给他灵感。但现在，他的妻子整日笼在鸦片的烟雾中，渐渐模糊看不清身影。

哪能不心疼？徐志摩知道，鸦片根本解救不了陆小曼，他不是没有设法振奋陆小曼的志气。他总是劝她，少抽烟，少打牌；他甚至为了不使陆小曼埋没天分，而让她给自己即将出版的书写序。但陆小曼提着笔不到一会就像个孩子似的喊累，一个字都没有写出来。几番下来，徐志摩也只得干笑着作罢。1928 年 12 月 28 日，徐志摩送给陆小曼一本《曼殊斐儿日记》做新年礼物。他希望这位高雅丽质的女性，能给陆小曼激励，但陆小曼让徐志摩失望了。她没有如徐志摩殷切期望地那样振作，她甚至觉得徐志摩在婚后变得不如先前那般浪漫，对她管头管脚，不让她打牌，不让她抽鸦片烟，真是拘束极了。

最终，徐志摩累了，他对陆小曼的爱，似乎再也不如原先那样饱

满。所以，他的日记里出现了这样的句子：“最容易化最难化的是一样东西——女人的心；过去的日子只当得一堆灰，烧透的灰，字迹都不见一个。”有人说，徐志摩是因爱而生的。爱是他灵魂的全部滋养与灵感的全部动力。看来的确如此。现在，他与陆小曼的感情出现了问题，于是，他倦了。

“这几天，就没全醒过，总是睡昏昏的……脑筋里几乎完全没有活动，该做的事不做，也不放心上，不着急……想做诗，别说诗句，诗意都还没有影儿……昨晚写信只觉得一种拿腔拿调在我的筋骨里，使得我说话上只选抵抗力最小的道走。字是不经挑择的，句是没有法则，更说不上章法……”

对生活多大的失望才能如此？这段日子的文字，字字透着从心底升起的幻灭。但如果仅把对陆小曼的失望，视问题徐志摩倦怠的原因，那未免肤浅：

“志摩的单纯的信仰，换个说法，即是‘浪漫的爱’。浪漫的爱，有一个显著的特点，就是这爱永远处于可望而不可即的地步，永远存在于追求的状态中，永远被视为一种极圣洁极高贵极虚无缥缈的东西。一旦接触实际，真个的与这样一个心爱的美貌女子自由的结合，幻想立刻破灭。原来的爱变成了恨，原来的自由变成了束缚，于是从头来再开始追求心中的‘爱，自由和美’。这样周而复始的两次三番的演下去，以至于死……”

这是梁实秋对徐志摩的评价，毕竟是朋友，还是他看得透彻。诚然如他所言，徐志摩从与陆小曼在一起的那一刻开始，他的“爱”便从此失去了吸引力，他的灵感失去了新鲜的动力；于是，他从理想的云端上，看到了浪漫的灰烬。

再别康桥

日子还是消沉，按着徐志摩一贯的心性，家事不顺心，浪漫成了灰，他哪里有其他心思想事情。也许新月的工作可以让他的情绪稍稍平复，但时局的混乱却只让他更加烦闷。本来北伐战事就令徐志摩怨念从生，眼下又发生了“济南惨案”，徐志摩终于第一次开始为国事难受。

“这几天我生平第一次为国事难受……这回却既不是纯粹感情问题，也不是理性所解剖的现象，一方面日本人当然是可恶，他们的动作，他们的态度，简直没有把我们当作‘人’看待，且不说国家与主权，以及此外的一切体面的字样，这还不是‘欺人太甚’？有血性的谁能忍耐？但反过来说，上面的政府也真是糟，总司令不能发令的，外交部部长是欺骗专家，中央政府是昏庸老朽的收容所，没一件我们受到人家侮辱的事可以追原到我们自己的昏庸……我们未尝不想尽点责任，向外国说几句话，但是没有‘真理’就没有壮气，我们的话没有出口，先叫自己的甜头给压住了。我们既不能完全一任感情收拾起良心来对外说谎，又不能揭开了真相对内说实话，这是我们智识阶级现下的两难。”

徐志摩手上有自己的刊物，也有自己的书店，但这样的时事评论，不是写在报纸上，他只把它们记在日记里。他有政治的激情，却少了参与的热情。徐志摩无论自己多想诗化他的生活，无论多么不想谈论政治，但他终究不过是时代的蝼蚁。

在那样一个思想激荡的年代里，鲁迅谁都不听，于是他战斗；胡适选择了自己的栖身之地，有了着落；而徐志摩，他只关注自己的内心。对政治，他没有自己的坚定理念，所以一旦时事起了波折，别人有价值观可以依凭，或战斗，或协调，而他终无依附，情感矛盾亦可想而知。但徐志摩对自己的这种状态不是没有反思，他也曾有过自剖：

“爱和平是我的生性。在怨毒、猜忌、残杀的空气中，我的神经每每感受一种不可名状的压迫。记得前年奉直战争时我过的那日子简直是一团黑漆，每晚更深时，独自抱着脑壳伏在书桌上受罪，仿佛整个时代的沉闷盖在我的头顶。

“我当初也并不是没有我的信念与理想。有我崇拜的德性，有我信仰的原则。有我爱护的事物，也有我痛疾的事物……我恨的是这时代的病象，什么都是病象：猜忌、诡诈、小巧、倾轧、挑拨、残杀、互杀、自杀、忧愁、作伪、肮脏。我不是医生，不会治病；我就有一双手，趁它们活灵的时候，我想，或许可以替这时代打开几扇窗，多少让空气流通些，浊的毒性的出去，清醒的洁净的进来。”

这样平和的性情，在那时是不是有些不合时宜？当时他在《新月》创刊号上提出“尊严与健康”就曾遭到鲁迅等人的斥责。这样的时代，尊严是谁的尊严，而健康又是谁的健康？这一切，让他对自己一向信奉的西方理念产生了严重的怀疑，他的精神产生了一次空前的危机。于是，他在家事与国事的纠缠中，苦闷彷徨得无以复加，这个总是感情用事的冲动青年，再一次在情感的迷茫中，失落了希望。

徐志摩的境况，胡适看在眼里也替他心疼。所以，在一次会餐后，胡适对徐志摩说：“到外头走走吧，呼吸点新空气，得点新材料，也许你的生活能真的换个方向。”朋友的建议也正符合他自己的想法。去走走吧，或许回来以后，一切会不一样。

另外要说的是，徐志摩此次出国还准备带些玉器古董去卖，一来补充旅费，二来贴补些家用。看来，徐志摩的生活确是陷入了窘境。这个从小长在殷实家境中的少爷，如今也真是苦了他。

1928 年 6 月，徐志摩带着古董登上了加拿大轮船“皇后”号。先到东京见了在日本度假的陈西滢夫妇；7 月 5 日到了纽约，见了老朋友恩厚之；8 月 4 日，他到了英国，回到剑桥。

《再别康桥》那首优美的抒情诗，投射了徐志摩这些年的情怀起落。10 年前，潇潇洒洒地来，那时少年壮志；6 年前，在这里写下“盼望我含笑归来”，而如今真当归来，却只带着生活的泥水与悲哀的心碎。

这里风光依旧，康河的水，依旧柔波荡漾；河底的水草，仿佛从未改变过它的模样。河上升起的轻雾，将远山渲染成写意的水墨，那些黄绿相错的浓淡，便轻轻晕开了轻柔的妙意。空灵的晚风将夕阳揉碎在行人悠闲的步间，点滴的光影便跳荡着向前。徐志摩静静坐在康河岸边柔软的草甸上，寂寂的眼神凝对着岸上招摇的垂柳。它曼妙的枝条，正轻抚康河静静的水流。他的眼，随着河水的鳞光穿过三环洞桥，皱起细腻的波纹。

一切都一样，一切都已经改变。只因物是，人非。他不再是当年的他，青春难再，壮志未酬。当年一别，追着希望而去，如今再别，却是挥别了希望与豪情。

康桥留给徐志摩太多故事，青草更青处，也许还埋着当年的青涩浪漫和那段未完成的初恋；星辉斑斓里，仿佛仍在闪着当年的豪情与耀眼的心灵革命。不忍看，不愿想，它们就像一面镜子，照出了 10 年后徐志摩残缺的爱与梦想。而那云上的梦想落入凡尘，便只剩泥土。所以，悄悄来，悄悄走，连那夜虫都为他沉默。挥一挥衣袖，不带走一片云彩，只怕惊醒那场仿佛几世纪前的美梦。

9 月 20 日，徐志摩离开了欧洲，前往印度。10 月见了泰戈尔。总算，在这位可敬长者的有生之年，徐志摩兑现了自己的承诺，亲自到

印度来看看他。在印度待了 3 个星期，11 月回到上海。

回到上海，一切都没有改变。

在出国的四个月间，徐志摩并没有放下病弱的妻子。一如 3 年前他为了她走天涯一般，徐志摩几乎每到一站，都写信给陆小曼汇报行程，告诉她沿途风物；与 3 年前一样，他依然要在信里劝慰妻子振作。唯与 3 年前不同的是，那缺少了年少的激情，已成了苦口婆心：

“上海的生活想想真是糟。陷在里面时愈陷愈深；自己也觉不到这最危险，但你一跳出时，就知道生活是不应得这样的。

“我越想越觉得我俩有赶快 wake up（振作）的必要。上海这种生活实在是要不得……曼，你果然爱我，你得想想我的一生，想想我俩共同的幸福；先求养好身体，再来做积极的事……一无事做是危险的，饱食暖衣无所用心，决不是好事。你这几个月身体如能见好，至少得赶紧认真学画和读些正书。要来就得认真，不能自哄自，我切实希望你能听摩的话。”

只可惜，他的眉一句也没有听进去他殷切的希望。上海还是上海，陆小曼依然流连烟榻，花钱依然大方。徐志摩远行期间，徐申如曾有一次特地坐着火车到上海去见陆小曼。他对陆小曼劝道：“你一个人，也不用住这样大的房子，倒不如搬到乡下来跟我们一起住，留一个佣人看房子吧。”看得出来，徐申如那时，怀着最后一丝善意想要改善他与陆小曼的关系，但是，陆小曼没有应。从此以后，徐申如再也没有跟陆小曼说过话。他也许一生都没有原谅这个害了他儿子的女人，以致于最后徐母病逝，他宁愿与儿子撕破脸，都没有允许陆小曼戴孝。

徐志摩回来以后，除了光华大学的教书职位外，南京中央大学邀他兼课，中华书局也请他编选文学丛书。几样工作加起来，月收入番了几翻，得有一千元以上吧。这在当时可不是小数目，但是，到了陆小曼花起来的时候，还是少。徐志摩无奈，只能借债了。

这段日子，是徐志摩生命中最平庸的时刻，用他自己的话说，是“疲塌不振”。这境遇真是惨淡透了。现在想来，梁启超在他婚礼上的那番陈词，真是一语成谶。徐志摩给自己婚姻，给自己的生活，设想了一个虚无的境界。他骗了自己，最终他必须忍受幻灭的莫大痛苦：

“阴沉，黑暗，毒蛇似的蜿蜒，
生活逼成了一条甬道：
一度陷入，你只可向前，
手扪索着冷壁的粘潮，

在妖魔的脏腑内挣扎，
头顶不见一线的天光
这魂魄，在恐怖的压迫下，
除了消灭更有什么愿望？”

生活是一条通道，没有温情，只有丑陋与黑暗。徐志摩曾经对生活抱有多么热烈的希望，那现在，他对生活的绝望就有多么强烈。生活于他，已然成了“毫无意义”的代名词。“除了消灭更有什么愿望？”真是哀莫大于心死，他几乎要主动放弃生活了。但幸好，他还有朋友。朋友就是这样，就算他们暂时无法将你从生活的泥潭中拉出来，但至少，他们不会让你继续往下沉陷。

北平，不如归去

1930 年 1 月，胡适在北大任教务长。作为徐志摩的老朋友，他实在不忍心看着徐志摩被毁掉，于是便劝他离开上海到北京来。局外人看事总是比当事人清楚些，他警告徐志摩，陆小曼年轻，需要受点磨折。说不定徐志摩离开了，她会反省反省自己。否则，再这样混下去，他们会闹出怎样的笑话都不知道。

徐志摩原本是想在上海继续待下去，否则他不会在这时还打起精神来创办新刊物《诗刊》；光华大学的职位他也不想放弃。但后来，光华闹学潮，当局出面干涉，形势极为不利，让他无法再待下去。而且，上海的生活也真的不能再受了。北方有他的朋友，新月同仁现在大多去了北方。所以，他终是下定决心北上。

1931 年 2 月 24 日，徐志摩到了北京。

工作不成问题，北京大学给他安排了职位，月薪三百元，女子大学也有八小时课上，月薪二百八十元。住处也不是问题，就住胡适家。胡适住在米粮库胡同四号，那是一所洋楼。徐志摩叫那里百松园——那里有一长方形院落，竟是一片松林。徐志摩住在胡适家二楼的一间，这是他问胡适讨来的。很大一间房，向阳，还有暖炉，书香可爱。

3 月 2 日，徐志摩开始正式上课。教书，备课，闲时到北海去散散步，也和胡适他们聚在一处，吃饭看戏。然后，便是给陆小曼写信。陆小曼的生活还是老样子，在眼前时都劝不住，现在离了这样的远距离还能如何？最心烦的，还是陆小曼平日的花销实在太大。

“钱的问题，我是焦急得睡不着。现在第一盼望节前发薪，但即节前有，寄到上海，定在节后。而二百六十元转眼即到，家用开出支票，连两个月房钱亦在三百元以上，节还不算。我不知如何弥补得来？借钱又无处开口。我这里也有些书钱、车钱、赏钱，少不了一百元。真的踌躇极了。本想有外快来帮助，不幸目前无一事成功，一切飘在云中，如何是好？钱是真可恶，来时不易，去时太易。我自阳历三月起，自用不算，路费等等不算，单就附银行及你的家用，已有二千零五十元。节上如再寄四百五十元，正合二千五百元……我想想，我们夫妻俩真是醒起才是！若再因循，真不是道理。再说我原许你家用及特用每月以五百元为度。我本意教书而外，另有翻译方面二百可恃，两样合起，平均相近六百，总还易于维持……我奔波往返，如同风裹篷帆。身不定，心亦不定。莎士比亚如何译得？结果仅有学校方面五百多，而第一个月又被扣了一半。眉眉亲爱的，你想我在这情形下，张罗得苦不苦？同时你那里又似乎连五百都不够用似的，那叫我怎么办？”

曾有一次，胡适在徐志摩面前说：“男人应尽力赚出钱来为女人打扮。”徐志摩觉得这是“太革命”的话。然而现在，他正实践着胡适的“革命”。他想尽一切方法为稻粱谋，为陆小曼的生活开销想办法。这个原本出身富裕，在文坛上大名鼎鼎的人物，为了让妻子省一些，就是这样掰着指头数给自己的妻子听，自己的日子现在过得有多么窘迫。这个体面的人，最困窘的时候，大夏天竟然只有一件白褂可穿，因为没有钱做新衣。没钱，学校又经常欠薪，所以只能借，问朋友借，向熟人借，找高利贷借，好不辛苦。

徐志摩给陆小曼写了很多信，尽管他对上海的日子避之无恐不及，但她对陆小曼还是断不了牵挂。他的每一封信里都是思念，每一分思念背后都是他对陆小曼耐心的劝导以及对生活窘境的无奈。抱怨

免不了，因为生活艰辛妻子又不解人意，但他很爱陆小曼，很爱。他娶了她，养着她，想尽了一切办法为她；他爱陆小曼很深。如果不深，那么他只要养活了她就可以，但他不仅要养活了她，更要养好了她。他希望世人能看到她是个优秀的女人，希望自己的妻子能有属于自己的光环。但是，上海真的不能再待了。他劝小曼到北京去，苦苦地，近乎哀求：

“因为我是我，不是洋场人物。于我固然有损，于你亦无是处。幸而还有几个朋友肯关切你我的健康和荣誉，为你我另开生路，固然事实上似乎有不少不便，但只要你这次能信从你爱摩的话，就算是你牺牲，为我牺牲。就算你和一个地方要好，我想也不至于要好得连一天都分离不开。况且北京实在是好地方。你实在是过于执一不化，就算你这一次迁就，到北方来游玩一趟：不合意时尽可回去。难道这点面子都没有了吗？”

但无论如何，这个时候的陆小曼不理解徐志摩的苦心。她给徐志摩的回应，直截了当，几近残忍：

“我是自幼不会理家的，家里也一向没有干净过，可是倒也不见得怎样住不惯。像我这样的太太要能同胡太太那样料理老爷恐怕有些难吧，天下实在很难有完美的事呢。

……北京人多朋友多玩处多，当然爱住，上海房子小又乱地方又下流，人又不可取，还有何可留恋呢！来去请便吧，浊地本留不得雅士，夫复何言！”

也许，陆小曼真的无法理解徐志摩的想法。她是交际名媛。这四个字意味着，陆小曼过惯了声色场的风光生活。名媛的日子离不开交际圈，那里是她生活的一部分。“上海房子又乱地方又下流，人又不可取”，这是在赌气吧？也许还有些自怨自艾。下流的地方说的难道不是她的烟榻？不可取的人，你敢说不是她与翁瑞午吗？被丈夫这样说，即便自己吃鸦片烟真的只是为了让身体舒服一些，但依着陆小曼的脾气，破罐子破摔的话也就这样说了出来。

其实，陆小曼未必真的不想去北京与徐志摩在一起，毕竟，她的交际盛名是在那里传开的；而且与丈夫在一处，也免去了两地相思的苦不是？但她就是不去，为什么？或许还因为林徽因在那里。这是陆小曼最无法释怀的地方。

古城的旧情旧人

如果这个世界上只有一个女人是陆小曼无法面对的，那也只能是林徽因。因为她是徐志摩第一个爱上的女人，是徐志摩没有实现的理想。这个女人即便跟了别人，也还有能力让徐志摩为她神不守舍，无法对她忘情。那还是1925年，徐志摩收到林徽因的电报，说极想听到他的消息，哪怕只有一句也行。这件事，被徐志摩写到了诗里：

“啊，果然有今天，就不算如愿，
她这‘我求你’也就够可怜！
‘我求你’，她信上说，‘我的朋友，
给我一个快电，单说你平安，
多少也叫我心宽。’叫她心宽！
扯来她忘不了的还是我——我，
虽则她的傲气从不肯认服；
害得我多苦，这几年叫痛苦
带住了我，像磨面似的尽磨！
还不快发电去，傻子，说太显——
或许不便，但也不妨占一点
颜色，叫她明白我不曾改变，
咳何止，这炉火更旺似从前！
我已经靠在发电处的窗前。”

可这件事情的结果，伤透了徐志摩的心，原来，林徽因竟然不只给他一个人发电报，不只跟徐志摩一人这样说，所以，徐志摩——

“震震的手写来震震的情电，
递给收电的那位先生，问这
该多少钱，但他看了看电文，
又看我一眼，迟疑的说：‘先生，
您没重打吧？方才半点钟前，
有一位年青先生也来发电，
那地址，那人名，全跟这一样，
还有那电文，我记得对，我想，
也是这……先生，你明白，反正
意思相像，就这签名不一样！’——
‘吓！是吗？噢，可不是，我真是昏！
发了又重发；拿回吧！劳驾，先生。’——”

林徽因仅用了一封电报几行字，就挑动了徐志摩心神，要知道，那时候徐志摩与陆小曼已经进入谈婚论嫁的时候了。就是这样的林徽因，让陆小曼放心不下。可偏偏，徐志摩才刚到北京没多久，就与林徽因见了好几面。那时林徽因在得着肺病，徐志摩也总以探病的名义见她去，但谁能说，正在生活中挣扎的徐志摩，见了林徽因——最初的梦想载体，心中潜伏的情愫没有一点点复苏呢？

其实，徐志摩到在北京看望重病的梁启超时，便去看望了因病留在北京休养的林徽因。他当时给陆小曼去了封信，说林徽因病了。陆小曼太了解徐志摩，她深信见了病中的林徽因，自己的丈夫一定是床前床后地照顾着。但那次，陆小曼的确多虑了一些，当时徐志摩并没有见林徽因几次，况且本身也不会照顾病人。

可是，如果那一次徐志摩真的没有机会照顾林徽因，那么这一次，他与林徽因之间却有了情感的互动。病中的林徽因多愁伤感；而

徐志摩正被上海的家弄得身心疲惫。现在，他们在旧时的城市相遇，又能一起吟诗作赋，参加社交活动，似乎一切又回到那年泰戈尔来华，甚至回到了那年的康桥那个烟雨朦胧的季节，他们一起读着慈济的《夜莺》。他似乎又听到那个扎着两条小辫，笑容清澈的女子，笑着对他说："我看到一句诗：I feel the flowers growing on me（我觉得鲜花一朵朵地开在我身上）。这个意境多美。"

陈年的感情，是陈年的酒，坛子一开，便有化不开的浓香。徐志摩把自己的心浸在这阵香里。据说，那时的林徽因居住的北总布胡同三号，俨然成了徐志摩的第二个家。林徽因与梁思成待他如上宾，而徐志摩也经常在这里过夜。而这里，也是让一向温婉的冰心难得写下讽刺文章的"太太的客厅"。

七十多年后，林徽因与徐志摩都已离开尘世，林徽因的儿子梁从诫在评价母亲的那段往事时曾说：

> "我一直替徐想……若多活几年对他来说更是个悲剧，和陆小曼肯定过不下去。若同陆离婚，徐从感情上肯定要回到林这里，将来就搅不清楚，大家都将会很难办的。林也很心痛他，不忍心伤害他，徐又陷得很深……"

看来，那年的徐志摩与林徽因的互动，在实质上已然有损林徽因家庭的和谐。这是爱了吧，但他们谁都不会言明。罗敷有夫，使君有妇。林徽因一生活在理智与规矩中，她不会承认自己在这个时候爱上了旧情人。徐志摩因情感经验的波折亦不算少，或许是这些年的磨折，让他的气血受了损，亦或许是他真的放不下陆小曼，所以他也没有说。

所以，那爱恋便只能永远止于心中，而那忧伤，就像远山的云雾，只是轻轻一点，但却挥不去，绕不开。

陆小曼了解徐志摩。她知道，林徽因是徐志摩心里永远的理想化身。都说徐志摩在陆小曼那里最终实现了爱与美的理想，但这理想的源头，正来自林徽因不是吗？比起已经实现的理想，那个没有追到的梦境，一定永远美丽着。所以，与徐志摩结婚后的陆小曼才会对徐志摩说：“别的女人我不管，但唯有林徽因你不能见。”但是，他的丈夫仅去了北京不过几天，就见了林徽因好几次，而当时外头关于徐林二人的浮言也更是让她不得不往最坏的方面想。

也许不想与情敌见面，是骄傲女人的共性。她们的倔强与坏脾气，不过是因为太爱你；可那份骄傲又不允许她们失了矜持与身段，所以她只能跟自己别扭，假装一切都不在乎。

别扭归别扭，对徐志摩陆小曼毕竟有爱。她听了徐志摩的劝，拜了贺天健学画。进步也真大。当徐志摩拿着她的画带到北京给胡适他们欣赏时，这些眼光挑剔的文人都觉得小曼的画好，加以时日必成大器。陆小曼也真的关心徐志摩，只是像她自己说的，从小被娇惯大了，连家事都不会做，再说，她本就不是小媳妇，你又能如何能指望她体贴入微呢？所以，她的关心便只从情感的最直接处产生，比如，她觉得坐飞机危险，于是便劝徐志摩，回来万万别坐飞机了吧，还是坐火车好。

徐志摩是个浪漫的男人，感情太重，所以他经不起离别的苦，经常坐着飞机在北京上海间往来。陆小曼说：“你别坐飞机，坐火车吧，省省钱也好，不会因为坐火车丢了面子。”其实陆小曼哪里知道，徐志摩正是为了省钱才坐飞机。他实在是穷得买不起火车票，而他在民航公司有朋友，经常送他免费机票，这才每次都坐飞机回。

我若离去，后会无期

北京正是暮春时节，深夜的五凤城数百盏五彩纱灯将中央公园的牡丹花映出别样的色调。吴其昌和他的妻子还在赏花，享受所谓的“明春”景致。这时，远处古柏影从中飘出说笑声。他从杂乱的声浪中，竟听出家乡硖石口音来。声浪渐近，他看到了表哥徐志摩。徐志摩见到吴其昌，停下来，一手斜撑着身边的古柏，一边对着吴其昌说：“怎么样？北京好不好？住得舒不舒服？我这次来，可是坐着飞机来的哦。”说到飞机时，徐志摩脸上有了难掩的兴奋，“从上海坐到天津，人家送的票，我回上海的时候，还想坐飞机走哪。”

这是吴其昌记忆里，关于徐志摩的，最不平凡的影像。

徐志摩喜欢坐飞机。飞在空中，会让他觉得自己像晚上挂在蓝天上闪亮的星星一样，不再是一个地球上的人，不再是个凡人。万物众生，悲欢离合都那样渺小。那样的时刻，灵魂飞过高山大湖，飞离了闹市。

“是人没有不想飞的，老是在这地面上爬着够多厌烦，不说别的。飞出这圈子，飞出这圈子！到云端里去，到云端里去！哪个心里不成天千百遍的这么想？飞上天空去浮着，看地球这弹丸在大空里滚着，从陆地看到海，从海再看回陆地。凌空去看一个明白——这才是做人的趣味，做人的权威，做人的交代。这皮囊要是太重挪不动，就掷了它，可能的话，飞出这圈子，飞出这圈子！”

飞出这圈子，因为这世界让他失望。努力争取来的自由婚姻让他失望，现实的难题让他失望，他几乎在这俗世里丧失了自我。想飞，不再是他的幻想的浪漫，却是有些绝望的呼喊。但是陆小曼从来未曾注意到他的丈夫已经深陷入生活的泥潭不可自拔，但即便是她注意到了又能如何？她自己，也在生活里挣扎颓废。

徐志摩给陆小曼写了信，但陆小曼总是积累到不得不回时，才懒懒提笔。好不容易提了笔也总是写些气话，或者猜疑他的丈夫是不是跟旧情人见面了，再不然，就是伸手要生活费。她写给徐志摩的信里，再也没有原来的软语温存。有时，徐志摩从北京急急赶回来看她，她也不过是倒在烟榻上，与翁瑞午一起吞云吐雾。翁瑞午从未离开过陆小曼的生活。在徐志摩离开的这段日子里，他全然成了徐志摩家里的另一个主人。而陆小曼似乎也并不避讳与他暧昧的相处，即便是在徐母跟前，以至于徐家老太太气得跟张幼仪诉苦：

"家里来了个姓翁的男人，这个人现在住在家里，现在他是她的男朋友哦！那天我叫佣人做了冰箱里放的一块火腿，陆小曼很不高兴，说我们不能吃，因为那是留给翁先生的。还有啊，还有，志摩他教书，喉咙一定疼死了，还坐了那么久的飞机回来，要累死了，我让佣人把参片给志摩做了等他回来吃。结果你听陆小曼说什么，她说：'不能做，那是留给翁先生的。'你听听，这到底是谁的地方，是公婆的，是媳妇的，还是那个姓翁的！我再也住不下去啦，我要到你那里去跟你一起住……"

徐母这样生气，可徐志摩还是那句话，一起吸烟不会出事。有一天，徐志摩回到家里，见到陆小曼与翁瑞午躺在一起吸烟，徐志摩没说什么，只是也爬上烟榻，在陆小曼身边躺下。就这样，三个人横七竖八在烟榻上躺了整整一夜。徐志摩真的一点儿也不在意吗？当然在意。他在写给陆小曼的信里，已经说得很清楚：

"你的困难，由我看来……而完全是在积习方面。积重难返，恋

土情重是真的（说起报载法界已开始搜烟，那不是玩！万一闹出笑话来，如何是好？这真是仔细打点的时机了）。我对你的爱，只有你自己最知道，前三年你初沾上习的时候，我心里不知有几百个早晚，像有蟹在横爬，不提多么难受。但因你身体太坏，竟连话都不能说。我又是好面子，要做西式绅士的。所以至多只是短时间绷长着一个脸，一切都郁在心里。如果不是我身体茁壮，我一定早得神经衰弱。我决意去外国时是我最难受的表示。”

徐志摩是要做绅士的，只是这绅士举动，陆小曼并没有看在眼里，就算看在眼里，也顾不得去照顾丈夫的感受，她只顾着放纵自己，只顾着沉溺。也许是知道，徐志摩定然不会离开她，所以徐志摩不在家时，她也会写信告诉他，她想他了，但当徐志摩真的回了家，陆小曼的回应却并不热情。

“我这次回来，咱们来个洋腔，抱抱亲亲如何？这本是人情，你别老说那是眉一种人才做得出，就算给我一点满足，我先给你商量成不成？我到家时刻，你可以知道，我即不想你到站接我，至少我亦人情的希望，在你容颜表情上看得出对我一种相当的热意。”

徐志摩原以为久未见面的爱人，也该有个相当的表示，一进门，张开双臂来个亲切的拥抱。但妻子永远是躺着将一口鸦片烟往嘴里送，她顾不得看刚刚进门的丈夫。为此徐志摩无不伤心，就像得不到爱宠的孩子。

日子就这样在纠葛中过去。徐志摩依然在北京与上海间奔波，依然在经济的艰难与家事的窘困中周折不断。转眼便是 1931 年 10 月，徐志摩再次决定回一趟南方。同样，还是坐免费的飞机，不同的是，这次离开以前，他几乎见到了所有北平的朋友。

刘半农记得，徐志摩决定了回南方以后，他曾邀了几个朋友，给徐志摩饯行，一夕清谈。

熊西弗记得，那几天北风起了，徐志摩有天晚上到他家里，炉火边两人畅谈了一番。那夜，徐志摩对他说：“我也算经过了各种生活，但还没有体验过战场生活呢。我想到战场杀敌，我恨不得战死沙场。今天的诗人，战死沙场恐怕是最好的归宿。”

叶公超还记得，那天徐志摩神采飞扬地怂恿他一起去上海。只是他去上海无事可干，所以，没有被徐志摩说动。

许地山后来有一次跟郑振铎说，那次徐志摩决定回南方之前，曾与他在前门遇见。巧的是，那天梁思成、林徽因也在。许地山还记得，徐志摩那天在前门喧嚣的人群中，悠悠地，带点玩笑地说：“我要回南方一趟，说不定啊，永远不回北平了。”

那段时间，徐志摩还去拜访了凌叔华。在她那里，徐志摩看到凌叔华抄写了徐志摩写的一篇游记。让徐志摩觉得奇怪的是，凌叔华在这文章上写了开玩笑似的一句话：“志摩先生千古。”徐志摩大异，说：“哪能千古了呢？”

在他走的前一天，徐志摩再次去梁家找梁思成和林徽因。只是夫妇不在，徐志摩苦等他们不回，于是便留下便条，上书：“定明早六时起飞，此去存亡未卜。”林徽因回来以后看到了这句话，心中一阵烦闷，于是打了电话给徐志摩。他在电话那头对她说：“放心，我得留着生命做更伟大的事业呢。”

……

与北京的朋友几乎全都打过了招呼后，徐志摩动身南行。

1931 年 11 月 17 日，他到了上海。却不料，他与陆小曼大吵了一架。还是为了小曼抽鸦片烟的事，徐志摩劝了小曼几句。不知为什么，陆小曼竟大发脾气，抓起烟枪就往徐志摩掷去。徐志摩倒是躲闪了过去，只是他的眼镜掉在了地上，碎了。

一切似乎都碎了，所有的希望与所有的期待。徐志摩没有说话，

只是一转身出了门。那天晚上，他没有回家，去了陈定山家里。当徐志摩看到陈定山家里摆着烟榻时，苦笑着说："我也真想吸吸看，这到底是怎样的滋味。"

这位离家出走的丈夫，第二天下午便回了家。他料到妻子没有好脸色对他，但他绝没有想到，陆小曼竟写了一封言辞刻薄的信，放在桌前等着他看。陆小曼看到，徐志摩在读了她写的信，那张脸上亦是悲，亦是痛。她正等着徐志摩的斥骂，结果他什么也没有说，提着箱子出了门。陆小曼看在眼里，却没有阻拦。她想，徐志摩总会回来的，每一次，他都回来了。

但是，陆小曼还是觉得心里不踏实，有些后怕。徐志摩太平静。他没有骂她，也没有怨她。虽然陆小曼清楚，徐志摩是永远不会对她大声责骂的，但这一次，徐志摩的平静，仿佛在她心里凿了一个洞，让她空荡荡地没有着落。他离开，她后悔。怎么办？只得提笔写封信去，没有其他办法。

"前天晚上我亦不知道怎样写的那封……我这才受悔呢！还来得及么？你骂我亦好，怨我亦该，我没有再说话的权了！我忍心么？我爱！你是不会怨我的亦决不骂我我知道的！可是我自己已明白了自己的错比你骂我还难受呢！我现在已拿回那了，你饶我吧！……你非信我爱你的诚心，你要我用笔形容出来，是十支笔都写不出来的。摩呀……今天先生说些话便有我心痛的利害，咳！难道说我这几个朋友还疑心我还看不起你么？可是我近来自己亦好怕我自己，我不如先的活了，有时我竟觉得我心冷得如灰一样，对于无论何事都没有希望，只想每天糊乱的过去，精乏力尽后倒床就睡。我前年的样子又慢慢的回来了，我自己的本性又渐渐的躲起来了，他人所见的我——不是我本来的我了……"

看来，各自有各自的苦楚。从这信里看，陆小曼与徐志摩的朋友们定是说了她不少难听的话。不用想也知道，无非是绕着鸦片与翁瑞午，再不然就是劝她振作，也许还有人说她看不上徐志摩也说不定。这个从小在光环与赞誉里长大的孩子，听着这样的话，不会舒服。

其实陆小曼不是不争气。想她小时候贪玩，不肯学，后来父亲狠狠给了她一耳光。那次，她没有哭闹，只是从此以后开始发愤，终成一代才女。那次，她或许并不是对学问有多大热情，或许也不过是想证明自己若是想学也定然不会比别人差。那年她有心力证明，但这一次，不知为何，她却再也振作不起精神。因为这病弱的身子？因为鸦片？还是因为她对生活失去了信心？

她说，她心冷得如灰一样，对于无论何事都没有希望。也许，陆小曼和徐志摩一样，从浪漫幻想的云端直直落入了生活的泥潭中。人们总说徐志摩因陆小曼沉沦，可陆小曼又何尝不是因徐志摩给她的希望太美好，这才离开原来的生活，随着他走近对浪漫的期望里，最后一样困在现实里不可自拔呢？

所以，陆小曼离开王赓，是幸或不幸？陆小曼认识徐志摩，是幸或不幸？她出身名门，自小便是家人掌上的明珠，长大后更是所有人的娇宠。她是交际场上万众瞩目的明星，人人围着她转。嫁给王赓，她一样有享不尽的风光。丈夫是人中龙凤，并不辱没自己的名声。难得的是，王赓在婚后，并没有过分干涉她的生活，该跳的舞还去跳，该有的聚会还是聚，玩得再疯，也不会有人来指责她的不是，至少，王赓的朋友没有说她半句坏话。陆小曼，仍然活在耀眼的光环里，生活富足无忧。

现在，她还是陆小曼，她只是想活在原来的生活里，但却没有发现生活的轨迹已然转变。徐志摩成全了她对生活的幻想，却没有成全她真正的现实。徐志摩成全了小曼，小曼也成全了徐志摩，但最终，徐志摩又何尝不是害了陆小曼，陆小曼同样害了徐志摩。

陆小曼那封道歉的信寄了出去，只是，徐志摩没有收到。

1931年11月20日《北京晨报》刊发了一条消息：

“京平北上机肇祸，昨在济南坠落！

机身全焚，乘客司机均烧死，天雨雾大误触开山。

济南十九日专电：十九午后二时，中国航空公司飞机由京飞平，飞行至济南城南三十里党家庄，因天雨雾大，误触开山山顶，当即坠落山下。本报记者亲往调查，见机身全焚毁，仅余空架。乘客一人，司机二人，全被烧死，血肉焦黑，莫可辨认。邮件被焚后，邮票灰仿佛可见，惨状不忍睹……”

乘客一人，是徐志摩。徐志摩死了，飞机失事。

就在这前一天早上，11月19日，徐志摩还给梁思成发去电报，说他20号要到北京了，嘱咐他下午三点找辆车去南苑机场接他。也就在那一天，幼仪见到了徐志摩。幼仪听他说，他要立刻回北平了，一样是坐飞机走。幼仪不明白，他为什么这么着急离开，而且她总觉得，坐飞机不好。她劝过徐志摩。当时，徐志摩笑着说，不用担心，不会有事的。

只是，到了20号，梁思成派去南苑机场接徐志摩的车，没有等到他；而那天晚上，幼仪也接到了噩耗。

那天晚上，幼仪与朋友打了几圈麻将，回到家时已经是第二天凌晨。就在她刚刚入睡不久，便被佣人叫醒，说是有位中国银行里供职的先生在楼下等她，有电报送来。幼仪见了这位送信的先生，他说：“徐志摩搭乘的飞机，撞山坠毁了。徐志摩死了。”幼仪似乎正在半梦半醒间，她听了这消息，竟一时没有反应，仿佛在做一个久远的梦。直到送信的先生说：“我去过陆小曼那里，她不肯去认领徐志摩的遗体。她不相信徐志摩遇难的消息是真的。”这句话一下点醒了幼仪，她仿佛看见陆小曼关上前门将自已埋进烟雾中的样子。那一刻，是幼仪此生最恨陆小曼的时候。陆小曼怎么可以不认领徐志摩的遗体，这难道就是她口口声声说的爱情吗？

曾经有人问张幼仪：“你爱徐志摩吗？”张幼仪说：“如果责任是爱，对父母的孝敬是爱，那么我爱他。在他爱过的三个女人里，说不定我最爱他。”她还说，陆小曼不爱徐志摩，因为她竟然可以放着自己丈夫的遗体不管只顾着悲痛。陆小曼没有办法面对徐志摩死去的事实。但张幼仪必须想办法解决所有的事。就像当年徐志摩的母亲离世，是她一手操办了丧礼一样，这一次，她再一次像个正室一样，决定了徐志摩死后的仪式。而陆小曼，则被悲痛与悔恨夺走了所有力量。当她终于有勇气面对徐志摩遗体时，她作为现任的妻子，甚至没有办法超越幼仪的权威，为他的丈夫决定寿衣与棺材的样式。

徐志摩的离开，对他的朋友而言，简直就像是一场梦。那样一个活泼有朝气的人，昨天还在你的席间高谈阔论，怎么今天就这样安静地躺着。他们简直无法想像，没有了徐志摩的朋友圈，将会是怎样的光景。

那光景是惨淡的。新月因为失了灵魂而终于黯淡，减灭了光辉。而林徽因与凌叔华，也因争存他生前的日记与书信而起了争执。据说林徽因借着胡适的帮助，从凌叔华那里得来了徐志摩的部分日记与书信，那些文字中，有关于她与徐志摩的康桥旧事。从此，她再也没有把这些文字示人。

朋友们都爱徐志摩，爱他的单纯与那浪漫的理想。在那样一个纷乱的年代，他的理想与浪漫，带给世人一个关于自由、爱与美的信仰。他们写了很多文章来纪念这个单纯的诗人与浪漫的理想主义者，称颂他的人格与单纯，但就是这样一群朋友，在陆小曼说想要将徐志摩的作品集齐发表时，竟得不到回应。他们不回应，并不是因为他们不爱志摩，或许只是因为发起人是陆小曼。

朋友们大都认为，陆小曼生前的挥霍与放浪令徐志摩的生活与精神都陷入了危机，令他不得不在北京与上海间来回跑，令他不得不乘

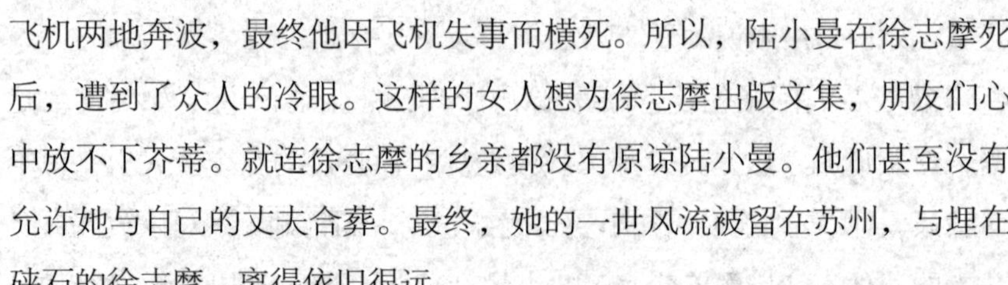

飞机两地奔波，最终他因飞机失事而横死。所以，陆小曼在徐志摩死后，遭到了众人的冷眼。这样的女人想为徐志摩出版文集，朋友们心中放不下芥蒂。就连徐志摩的乡亲都没有原谅陆小曼。他们甚至没有允许她与自己的丈夫合葬。最终，她的一世风流被留在苏州，与埋在硖石的徐志摩，离得依旧很远。

因为徐志摩的死，陆小曼才华的光艳，被她的缺点彻底地掩盖。人们只记得那样一个在交际场上挥金如土的陆小曼，忘记还有一个才情出众、不顾世俗评判活出自我个性的陆小曼。但是，不顾世俗评判，才是她所生长的那个年代，给她最残酷的审判。

徐志摩死了，一生短暂而热烈。三十几岁，留几段感情给后人品咂，创一个文学流派，供世人瞻仰，但他的墓碑却只题着“诗人徐志摩”。诗人，是他理想与信仰的全部精髓所在，无须再多解释，短短5个字，却最好地概括了他短暂而可观的一生。

悄悄是别离的笙箫

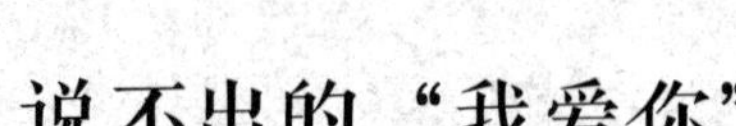

说不出的“我爱你”

所有人都在怀念徐志摩。张幼仪的怀念最实际，她操持了徐志摩身后所有的事务，替他照顾年迈的父亲；陆小曼的怀念，最是情理之中：她在徐志摩死后，终身素服，从此绝迹交际场；而林徽因的怀念最特别：那天梁思成去济南处理徐志摩善后，他从飞机失事现场带回一块飞机残片。这块残片，被林徽因挂在墙头，一直到她也离开这个世界，才被摘下。

怀念，于林徽因而言有着不同的意味。因为《康桥日记》的遗失，她与徐志摩之间的记忆，便专属于她。所以，那段旧日的旖旎情怀，从往事变成了故事，又从故事变成了传说。

有人猜，林徽因是爱着徐志摩的，只是她太理性，太聪明。

很多民国才女，或爱得热烈，或爱得纯朴。她们的爱情执着而绝决，如张爱玲，如蒋碧微，如萧红。这些才女们并不是不聪明，她们身上绝不乏智慧。她们的才艺与领悟力，民国以后再难寻找。可她们在爱情中，却总是笨拙地伤到自己。或许，正因为她们对爱的顽强执着，太过锋利，生生割断她们情感中那根聪慧的弦，所以傻了，所以伤了。但林徽因的感情，却是民国才女中少有的例外。她是真的聪明，流水一样灵活而柔软地避开了执着的锋刃，在风花雪月的迷阵中，全身而退。

所以，林徽因走了，离开了那个过分浪漫的徐志摩，离开了这个已有家室的男人。她的家世与她天性中的高傲，都令她无法背叛自己家庭的声望。她的心性与智慧，帮她实现了情感与理智的平衡，帮她圆满了自己的幸福——她将未来许给了梁思成，另一个家世显赫、年轻有为的男人。

也有很多人猜，林徽因并不爱徐志摩。或许这就是真相，就连林徽因自己也说，像她这样一个在旧伦理教育熏陶下长大的姑娘，根本无法想象与一个大自己八九岁的男人谈恋爱。她又说，她知道徐志摩在追求自己，但她只是敬佩，尊重这位诗人，当然也尊重他给她的爱情；她还说，徐志摩所追求的，不过是被他理想化与诗化的林徽因，而不是真正的林徽因；她甚至说，徐志摩虽然浪漫，但俗气。一段在世人看来曼妙而伤感的爱情，被当事人用理性的话，做了最不浪漫的总结。

但不爱，或许只是对外人言的话。也许康桥时期的懵懂少女对诗人突如其来的热烈感情攻势无法做出更多的回应，但此后，徐志摩一次次的温情的示意，她不会不懂。

那年，已然是林徽因与梁思成互定终身以后了。记得是 1923 年春天。就在这一年，徐志摩仍然为林徽因写了《涡提孩》译本的《引子》：

“我一年前看了 Undine（涡提孩）那段故事以后，非但很感动，并觉其结构文笔并极精妙，当时就想可惜我和母亲不在一起，否则若然我随看随讲，她一定很乐意听。此次偶尔兴动，一口气将它翻了出来，如此母亲虽在万里外不能当面听我讲，也可以看我的译文。译笔很是粗忽，老实说我自己付印前一遍都不曾复看，其中错讹的字句，一定不少，这是我要道歉的一点。其次因为我原意是给母亲看的，所以动笔的时候，就以她看得懂与否做标准，结果南腔北调杂格得很，但是她看我知道恰好，如其这故事能有幸传出我家庭以外，我不得不为译笔之芜杂道歉。”

这段话里，没有“林徽因”，只有“母亲”。但这每一个“母亲”

都可被换成“林徽因”。这便是徐志摩迷恋林徽因的方式。有些话，不能写却不得不写。那样的感情含在句子里，明知你读到未必能懂，但还是奢望你可以看穿文字的隐藏读懂对你的迷恋。这段文字，后人在考证时都能看得明白，如何相信当年冰雪聪明的林徽因看不透？

“别丢掉
这一把过往的热情，
现在流水似的，
轻轻
在幽冷的山泉底，
在黑夜　在松林
叹息似的渺茫，
你仍要保存那真！
一样是月明，
一样是隔山灯火，
满天的星，
只使人不见，
梦似的挂起，
你问黑夜要回
那一句话——你仍得相信
山谷中留着
有那回音！”

你的离去，我的孤寂

“请你告诉志摩我这三年来寂寞受够了，失望也遇多了，现在倒能在寂寞和失望中得着自慰和满足。告诉他我绝对的不怪他，只有盼他原谅我从前的种种不了解。但是路远隔膜误会是所不免的，他也该原谅我。我昨天把他的旧信一一翻阅了。旧的志摩我现在真真透澈的明白了，但是过去，现在不必重提了，我只求永远纪念着。”

林徽因给胡适写这封信的时候是1927年。彼时，她与梁思成到美国不过3年而已。不过3年，失望却多了，寂寞却多了。哪能不失望，梁思成太稳固，所以沉稳有了却总失了风情。梁思成自己也承认，做林徽因的丈夫不容易。他的妻子思想活跃得让他总有些跟不上。所以两人初到美国时，时时总有争吵，这磨合期过得如在刀山剑树上一般。所以，林徽因寂寞了。寂寞的女人从来只做两件事——寻安慰与怀念。

安慰，林徽因早两年便寻了，就是那封让徐志摩写下《拿回吧！劳驾，先生》的电报。也不能怪她给许多人发一样的电报。心空了，最好的补剂是情感的安慰。她只是出于本能，毫无遮掩地向爱她的朋友们渴求一点慰藉。

现在，她还剩怀念。怀念那些令她充实的人，怀念那些曾填满她内心空洞的事。所以，徐志摩曾带给她的心悸便在这个时候慢慢渗入她的骨髓。她把他的旧信一一翻阅。从寂寞的眼望去，在梁思成那稍显沉闷的情绪底色中，徐志摩热烈而浪漫的情感，才真真正正透澈起来。

林徽因的孤寂垒成了她自私的情感。她在梁思成宽容的爱里任性地跳着，顽皮像个孩子。但这样宽容的丈夫从未被写进她的诗里。她活在徐志摩的诗里，最终，她也只让徐志摩走进她的诗：

“这一定又是你的手指，
轻弹着，
在这深夜，稠密的悲思。

我不禁颊边泛上了红，
静听着，
这深夜里弦子的生动。

一声听从我心底穿过，
忒凄凉
我懂得，但我怎能应和？
生命早描定她的式样，
太薄弱
是人们的美丽的想象。

除非在梦里有这么一天，
你和我
同来攀动那根希望的弦。”

盛世欢宴，曲终人散

1934 年，徐志摩去世 3 年。

火车路过硖石，正是黄昏。火车长叹一声，停住脚步。林徽因趴在窗口，看着远山黑色的轮廓与星点的灯火。她与丈夫梁思成一起，在浙南武义宣平镇考察完建筑，正前往上海。硖石，就这样跳进她的旅途，就像这里的一个朋友，总在别人想不到的时候莅至，带来笑声与勇气，而他在她的生命中出现，谁又能说不是偶然？

都说徐志摩的《偶然》是为她而写，都说是她成就了徐志摩生命里最美丽的初恋，但谁又能说，那次生命的偶然相交，没有成全现在的林徽因。

林徽因从来没有说过，她爱徐志摩，只是，这无意经过硖石时动心的一瞬，便已泄露了她从不言明的秘密。她眼前浮现出那张孩子似的脸，浅浅笑着。是笑那些在他离开后，世人对他的评定吗？他是从不介意这些评价的人。在许多浅陋刻薄的攻讦面前，徐志摩表现出的，往往是怜悯同宽容；他仿佛永远怀着洁净的心灵，高高抬着头，用完整的诚挚支撑他心中的勇气。这是林徽因眼中的徐志摩。然而就是这样的徐志摩，最终也不得不低头在他的理想之下。

林徽因静静望着窗外，火车已经开动，带她离开这座偶然的小城。松林在黑夜里叹息，往事沉在暗夜里，模糊不可辨。风凛冽地撞开她的心，仿佛要吹尽心头的热情。身边的丈夫只是静静陪着她，为她披上一件外衣。

林徽因知道，徐志摩离开得太早。世人惋惜，但对他自己而言又

何尝不是一种解脱。徐志摩的生命，唯其短暂，所以可观。他在那短短的一生里，便经历了其他人用长长一辈子都未必能尝遍的，所有爱恨嗔痴。他太不一样，与时代格格不入。无论后人对这个时代有怎样的评价，颓废的也好，赳赳霸气也罢。那似乎都不像是徐志摩的年代。他浪漫但不颓废，他有志气但不霸气，写的文章讽刺的夸赞的都很到位，但都透着绅士气，平静而温和。

伤逝，这样的人过早离开人世，于世人而言究竟是幸或不幸，但无论如何，林徽因知道，此刻的徐志摩，正享着生命中，难得的平静。

他说他爱水，爱空中的飞鸟，爱车窗外掣过的田野山水。星光的闪动，草叶上露珠的颤动，花须在微风中的摇动，雷雨时云空的变动，大海中波涛的汹涌，都是触动他感性的情景，都是他的灵感。现在，他与青山同体，坐拥心中最美的风景。

徐志摩其文

再别康桥

轻轻的我走了，
正如我轻轻的来；
我轻轻的招手，
作别西天的云彩。

那河畔的金柳，
是夕阳中的新娘；
波光里的艳影，
在我的心头荡漾。

软泥上的青荇，
油油的在水底招摇；
在康河的柔波里，
我甘心做一条水草！

那榆荫下的一潭，
不是清泉，是天上虹，
揉碎在浮藻间，
沉淀着彩虹似的梦。

寻梦？撑一支长篙，

向青草更青处漫溯，
满载一船星辉，
在星辉斑斓里放歌。

但我不能放歌，
悄悄是别离的笙箫；
夏虫也为我沉默，
沉默是今晚的康桥！

悄悄的我走了，
正如我悄悄的来；
我挥一挥衣袖，
不带走一片云彩。

十一月六日中国海上

（1928 年 12 月 10 日《新月》第 1 卷第 10 号）

偶　然

我是天空里的一片云，
偶尔投影在你的波心——
你不必讶异，
更无须欢喜——
在转瞬间消灭了踪影。

你我相逢在黑夜的海上，
你有你的，我有我的，方向；
你记得也好，
最好你忘掉，
在这交会时互放的光亮！

（1926 年 5 月 27 日《晨报副镌·诗镌》第 9 号）

我不知道风是在哪一个方向吹

我不知道风
是在哪一个方向吹——
我是在梦中，
在梦的轻波里依洄。

我不知道风
是在哪一个方向吹——
我是在梦中，
她的温存，我的迷醉。

我不知道风
是在哪一个方向吹——
我是在梦中，
甜美是梦里的光辉。

我不知道风
是在哪一个方向吹——
我是在梦中，
她的负心，我的伤悲。

我不知道风

是在哪一个方向吹——
我是在梦中，
在梦的悲哀里心碎！

我不知道风
是在哪一个方向吹——
我是在梦中，
黯淡是梦里的光辉。

（1928年3月10日《新月》第1卷第1号）

沙扬娜拉十八首

一

我记得扶桑海上的朝阳，
黄金似的散布在扶桑的海上；
我记得扶桑海上的群岛，
翡翠似的浮沤在扶桑的海上——
沙扬娜拉！

二

趁航在轻涛间，悠悠的，
我见有一星星古式的渔舟，
像一群无忧的海鸟，
在黄昏的波光里息羽优游，
沙扬娜拉！

三

这是一座墓园；谁家的墓园
占尽这山中的清风，松馨与流云？
我最不忘那美丽的墓碑与碑铭，
墓中人生前亦有山风与松馨似的清明——
沙扬娜拉！（神户山中墓园）

四

听几折风前的流莺，
看阔翅的鹰鹞穿度浮云，
我倚着一本古松瞑睟：
问墓中人何似墓上人的清闲？——
沙扬娜拉！（神户山中墓园）

五

健康、欢欣、疯魔、我羡慕
你们同声的欢呼“阿罗呀喈！”
我欣幸我参与这满城的花雨，
连翩的蛱蝶飞舞，“阿罗呀喈！”
沙扬娜拉（大阪典祝）

六

增添我梦里的乐音——便如今——
一声声的木屐、清脆、新鲜、殷勤，
又况是满街艳丽的灯影，
灯影里欢声腾跃，“阿罗呀喈！”
沙扬娜拉！（大阪典祝）

七

仿佛三峡间的风流，
保津川有青嶂连绵的锦绣；
仿佛三峡间的险巇，
飞沫里趁急矢似的扁舟——

沙扬娜拉！（保津川急湍）

八

度一关湍险，驶一段清涟，

清涟里有青山的倩影；

撑定了长篙，小驻在波心，

波心里看闲适的鱼群——

沙扬娜拉！（同前）

九

静！且听那桨声胶爱，

听青林里嘹亮的欢欣，

是画眉，是知更？像是滴滴的香液，

滴入我的苦渴的心灵——

沙扬娜拉！（同前）

十

“乌塔”：莫讪笑游客的疯狂，

舟人，你们享尽山水的清幽，

喝一杯“沙鸡”，朋友，共醉风光，

“乌塔，乌塔！”山灵不嫌粗鲁的歌喉——

沙扬娜拉！（同前）

十一

我不辨——辨亦无须——这异样的歌词，

像不逞的波澜在岩窟间吽嘶，

像衰老的武士诉说壮年时的身世，

“乌塔，乌塔！”我满怀滟滟的遐思——
沙扬娜拉！（同前）

十二

那是杜鹃！她绣一条锦带，
迤逦着那青山的青麓；
啊，那碧波里亦有她的芳躅，
碧波里掩映着她桃蕊似的娇怯——
沙扬娜拉！（同前）

十三

但供给我沉酣的陶醉，
不仅是杜鹃花的幽芳；
倍胜于娇柔的杜鹃，
最难忘更娇柔的女郎！
沙扬拉娜！

十四

我爱慕她们体态的轻盈，
妩媚是天生，妩媚是天生！
我爱慕她们颜色的调匀，
蝴蝶似的光艳，蛱蝶似的轻盈——
沙扬娜拉！

十五

不辜负造化主的匠心，
她们流眄中有无限的殷勤；

比如薰风与花香似的自由，
我餐不尽她们的笑靥与柔情——
沙扬娜拉！

十六

我是一只幽谷里的夜蝶：
在草丛间成形，在黑暗里飞行，
我献致我翅羽上美丽的金粉，
我爱恋万万里外闪亮的明星——
沙扬娜拉！

十七

我是一只酣醉了的花蜂：
我饱啜了芬芳，我不讳我的猖狂。
如今，在归途上嘤嗡着我的小嗓，
想赞美那别样的花酿，我曾经恣尝——
沙扬娜拉！

十八

最是那一低头的温柔，
像一朵水莲花不胜凉风的娇羞，
道一声珍重，道一声珍重，
那一声珍重里有蜜甜的忧愁——
沙扬娜拉！

（1925年8月中华书局《志摩的诗》）

翡冷翠的一夜

你真的走了，明天？那我，那我，……
你也不用管，迟早有那一天；
你愿意记着我，就记着我，
要不然趁早忘了这世界上
有我，省得想起时空着恼，
只当是一个梦，一个幻想；
只当是前天我们见的残红，
怯怜怜的在风前抖擞，一瓣，
两瓣，落地，叫人踩，变泥……
唉，叫人踩，变泥——变了泥倒干净，
这半死不活的才叫是受罪，
看着寒伧，累赘，叫人白眼——
天呀！你何苦来，你何苦来……
我可忘不了你，那一天你来，
就比如黑暗的前途见了光彩，
你是我的先生，我爱，我的恩人，
你教给我什么是生命，什么是爱，
你惊醒我的昏迷，偿还我的天真，
没有你我哪知道天是高，草是青？
你摸摸我的心，它这下跳得多快；

再摸我的脸，烧得多焦，亏这夜黑
看不见；爱，我气都喘不过来了，
别亲我了；我受不住这烈火似的活，
这阵子我的灵魂就像是火砖上的
熟铁，在爱的锤子下，砸，砸，火花
四散的飞洒……我晕了，抱着我，
爱，就让我在这儿清静的园内，
闭着眼，死在你的胸前，多美！
头顶白杨树上的风声，沙沙的，
算是我的丧歌，这一阵清风，
橄榄林里吹来的，带着石榴花香，
就带了我的灵魂走，还有那萤火，
多情的殷勤的萤火，有他们照路，
我到了那三环洞的桥上再停步，
听你在这儿抱着我半暖的身体，
悲声的叫我、亲我、摇我、咂我、……
我就微笑的再跟着清风走，
随他领着我，天堂、地狱，哪儿都成，
反正丢了这可厌的人生，实现这死
在爱里，这爱中心的死，不强如
五百次的投生？……自私，我知道，
可我也管不着……你伴着我死？
什么，不成双就不是完全的“爱死”，
要飞升也得两对翅膀儿打伙，
进了天堂还不一样的得照顾，
我少不了你，你也不能没有我；

要是地狱，我单身去你更不放心，
你说地狱不定比这世界文明
（虽则我不信，）像我这娇嫩的花朵，
难保不再遭风暴，不叫雨打，
那时候我喊你，你也听不分明，——
那不是求解脱反投进了泥坑，
倒叫冷眼的鬼串通了冷心的人，
笑我的命运，笑你懦怯的粗心？
这话也有理，那叫我怎么办呢？
活着难，太难，就死也不得自由，
我又不愿你为我牺牲你的前程……
唉！你说还是活着等，等那一天！
有那一天吗？——你在，就是我的信心；
可是天亮你就得走，你真的忍心
丢了我走？我又不能留你，这是命；
但这花，没阳光晒，没甘露浸，
不死也不免瓣尖儿焦萎，多可怜！
你不能忘我，爱，除了在你的心里，
我再没有命，是，我听你的话，我等，
等铁树儿开花我也得耐心等；
爱，你永远是我头顶的一颗明星：
要是不幸死了，我就变一个萤火，
在这园里，挨着草根，暗沉沉的飞，
黄昏飞到半夜，半夜飞到天明，
只愿天空不生云，我望得见天，
天上那颗不变的大星，那是你，

但愿你为我多放光明，隔着夜，

隔着天，通着恋爱的灵犀一点……

六月十一日，一九二五年翡冷翠山中

（1926 年 1 月 2 日《现代评论》第 3 卷第 56 期）

我等候你

我等候你。
我望着户外的昏黄
如同望着将来，
我的心震盲了我的听。
你怎还不来？希望
在每一秒钟上允许开花。
我守候着你的步履，
你的笑语，你的脸，
你的柔软的发丝，
守候着你的一切；
希望在每一秒钟上
枯死——你在哪里？
我要你，要得我心里生痛，
我要你的火焰似的笑，
要你的灵活的腰身，
你的发上眼角的飞星；
我陷落在迷醉的氛围中，
像一座岛，
在蟒绿的海涛间，不自主的在浮沉……
喔，我迫切的想望
你的来临，想望

那一朵神奇的优昙
开上时间的顶尖！
你为什么不来，忍心的？
你明知道，我知道你知道，
你这不来于我是致命的一击，
打死我生命中乍放的阳春，
教坚实如矿里的铁的黑暗，
压迫我的思想与呼吸；
打死可怜的希冀的嫩芽，
把我，囚犯似的，交付给
妒与愁苦，生的羞惭
与绝望的惨酷。
这也许是痴。竟许是痴。
我信我确然是痴；
但我不能转拨一支已然定向的舵，
万方的风息都不容许我犹豫——
我不能回头，运命驱策着我！
我也知道这多半是走向
毁灭的路；但
为了你，为了你
我什么也都甘愿；
这不仅我的热情，
我的仅有的理性亦如此说。
痴！想磔碎一个生命的纤微
为要感动一个女人的心！
想博得的，能博得的，至多是
她的一滴泪，

她的一阵心酸，
竟许一半声漠然的冷笑；
但我也甘愿，即使
我粉身的消息传到
她的心里如同传给
一块顽石，她把我看作
一只地穴里的鼠，一条虫，
我还是甘愿！
痴到了真，是无条件的，
上帝他也无法调回一个
痴定了的心，如同一个将军
有时调回已上死线的士兵。
枉然，一切都是枉然，
你的不来是不容否认的实在，
虽则我心里烧着泼旺的火，
饥渴着你的一切，
你的发，你的笑，你的手脚；
任何的痴想与祈祷
不能缩短一小寸
你我间的距离！
户外的昏黄已然
凝聚成夜的乌黑，
树枝上挂着冰雪，
鸟雀们典去了它们的啁啾，
沉默是这一致穿孝的宇宙。
钟上的针不断的比着
玄妙的手势，像是指点，

像是同情，像是嘲讽，
每一次到点的打动，我听来是
我自己的心的
活埋的丧钟。

（1929年10月10日《新月》第3卷第8号）

海　韵

一

“女郎，单身的女郎，
你为什么留恋
这黄昏的海边？——
女郎，回家吧，女郎！”
“啊不；回家我不回，
我爱这晚风吹。”——
在沙滩上，在暮霭里，
有一个散发的女郎——
徘徊，徘徊。

二

“女郎，散发的女郎，
你为什么彷徨
在这冷清的海上？
女郎，回家吧，女郎！”
“啊不；你听我唱歌，
大海，我唱，你来和。”——
在星光下，在凉风里，
轻荡着少女的清音——

高吟，低哦。

三

“女郎，胆大的女郎！
那天边扯起了黑幕，
这顷刻间有恶风波，——
女郎，回家吧，女郎！”
“啊不；你看我凌空舞，
学一个海鸥没海波。”——
在夜色里，在沙滩上，
急旋着一个苗条的身影，——
婆娑，婆娑。

四

“听呀，那大海的震怒，
女郎，回家吧，女郎！
看呀，那猛兽似的海波，
女郎，回家吧，女郎！”
“啊不；海波他不来吞我，
我爱这大海的颠簸！”——
在潮声里，在波光里，
啊，一个慌张的少女在海沫里，
蹉跎，蹉跎。

五

“女郎，在哪里，女郎？
在哪里，你嘹亮的歌声？

在哪里，你窈窕的身影？

在哪里，啊，勇敢的女郎？”

黑夜吞没了星辉，

这海边再没有光芒；

海潮吞没了沙滩，

沙滩上再不见女郎，——

再不见女郎！

（1925年8月17日《晨报·文学旬刊》）

去　罢

去罢，人间，去罢！
我独立在高山的峰上；
去罢，人间，去罢！
我面对着无极的穹苍。

去罢，青年，去罢！
与幽谷的香草同埋；
去罢，青年，去罢！
悲哀付与暮天的群鸦。
去罢，梦乡，去罢！
我把幻景的玉杯摔破；
去罢，梦乡，去罢！
我笑受山风与海涛之贺。

去罢，种种，去罢！
当前有插天的高峰；
去罢，一切，去罢！
当前有无穷的无穷！

（1924 年《小说月报》第 15 卷第 4 号）

为要寻一个明星

我骑着一匹拐腿的瞎马，
向着黑夜里加鞭；——
向着黑夜里加鞭，
我跨着一匹拐腿的瞎马。

我冲入这黑绵绵的昏夜，
为要寻一颗明星；——
为要寻一颗明星，
我冲入这黑茫茫的荒野。

累坏了，累坏了我胯下的牲口，
那明星还不出现；——
那明星还不出现，
累坏了，累坏了马鞍上的身手。

这回天上透出了水晶似的光明，
荒野里倒着一只牲口，
黑夜里躺着一具尸首。——
这回天上透出了水晶似的光明！

（1924 年 12 月 1 日《晨报六周年纪念增刊》）

雪花的快乐

假如我是一朵雪花，
翩翩的在半空里潇洒，
我一定认清我的方向——
飞飏，飞飏，飞飏，——
这地面上有我的方向。

不去那冷寞的幽谷，
不去那凄清的山麓，
也不上荒街去惆怅——
飞飏，飞飏，飞飏，——
你看，我有我的方向！

在半空里娟娟的飞舞，
认明了那清幽的住处，
等着她来花园里探望——
飞飏，飞飏，飞飏，——
啊，她身上有朱砂梅的清香！

那时我凭借我的身轻，
盈盈的，沾住了她的衣襟，
贴近她柔波似的心胸——

消溶，消溶，消溶——

溶入了她柔波似的心胸！

（1925 年 1 月 17 日《现代评论》第 1 卷第 6 期）

这是一个懦怯的世界

这是一个懦怯的世界，
容不得恋爱，容不得恋爱！
披散你的满头发，
赤露你的一双脚；
跟着我来，我的恋爱，
抛弃这个世界
殉我们的恋爱！

我拉着你的手，
爱，你跟着我走；
听凭荆棘把我们的脚心刺透，
听凭冰雹劈破我们的头，
你跟着我走，
我拉着你的手，
逃出了牢笼，恢复我们的自由！

跟着我来，
我的恋爱！
人间已经掉落在我们的后背，——
看呀，这不是白茫茫的大海？
白茫茫的大海，

白茫茫的大海，
无边的自由，我与你与恋爱！

顺着我的指头看，
那天边一小星的蓝——
那是一座岛，岛上有青草，
鲜花，美丽的走兽与飞鸟；
快上这轻快的小艇，
去到那理想的天庭——
恋爱，欢欣，自由——辞别了人间，永远！

（1925 年 8 月中华书局《志摩的诗》）

苏 苏

苏苏是一个痴心的女子：
像一朵野蔷薇，她的丰姿；
像一朵野蔷薇，她的丰姿——
来一阵暴风雨，摧残了她的身世。

这荒草地里有她的墓碑：
淹没在蔓草里，她的伤悲；
淹没在蔓草里，她的伤悲——
啊，这荒土里化生了血染的蔷薇！

那蔷薇是痴心女的灵魂，
在清早上受清露的滋润，
到黄昏时有晚风来温存，
更有那长夜的慰安，看星斗纵横。

你说这应分是她的平安？
但运命又叫无情的手来攀，
攀，攀尽了青条上的灿烂，——
可怜呵，苏苏她又遭一度的摧残！

（1925 年 12 月 1 日《晨报七周年纪念增刊》）

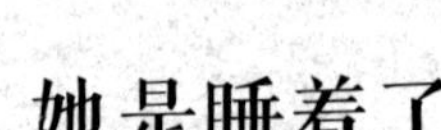

她是睡着了

她是睡着了——
星光下一朵斜欹的白莲；
她入梦境了——
香炉里袅起一缕碧螺烟。
她是眠熟了——
涧泉幽抑了喧响的琴弦；
她在梦乡了——
粉蝶儿，翠蝶儿，翻飞的欢恋。

停匀的呼吸：
清芬，渗透了她的周遭的清氛；
有福的清氛，
怀抱着，抚摩着，她纤纤的身形！

奢侈的光阴！
静，沙沙的尽是闪亮的黄金，
平铺着无垠，
波鳞间轻漾着光艳的小艇。

醉心的光景：

给我披一件彩衣，啜一坛芳醴，
折一枝藤花，
舞，在葡萄丛中颠倒，昏迷。

看呀，美丽！
三春的颜色移上了她的香肌，
是玫瑰，是月季，
是朝阳里的水仙，鲜妍，芳菲！

梦底的幽秘，
挑逗着她的心——纯洁的灵魂，
像一只蜂儿，
在花心恣意的唐突——温存。

童真的梦境！
静默，休教惊断了梦神的殷勤；
抽一丝金络，
抽一丝银络，抽一丝晚霞的紫曛；

玉腕与金梭，
织缣似的精审，更番的穿度——
化生了彩霞，
神阙，安琪儿的歌，安琪儿的舞。

可爱的梨涡，
解释了处女的梦境的欢喜，

像一颗露珠，

颤动的，在荷盘中闪耀着晨曦！

（1925年8月中华书局《志摩的诗》）

她怕他说出口

（朋友，我懂得那一条骨鲠，
难受不是？——难为你的咽喉；）
“看，那草瓣上蹲着一只蚱蜢，
那松林里的风声像是箜篌。”

（朋友，我明白，你的眼水里
闪动着你的真情的泪晶；）
“看，那一双蝴蝶连翩的飞；
你试闻闻这紫兰花馨！”

（朋友，你的心在怦怦的动，
我的也不一定是安宁；）
“看，那一对雌雄的双虹！
在云天里卖弄着娉婷；”

（这不是玩，还是不出口的好，
我顶明白你灵魂里的秘密；）
“那是句致命的话，你得想到，
回头你再来追悔那又何必！”

（我不愿你进火焰里去遭罪，

就我——就我也不情愿受苦！）
“你看那双虹已经完全破碎；
花草里不见了蝴蝶儿飞舞。”

（耐着！美不过这半绽的花蕾；
何必再添深这颊上的薄晕？）
“回走吧，天色已是怕人的昏黑，——
明儿再来看鱼肚色的朝云！”

（1925 年 4 月 25 日《晨报·文学旬刊》）

我有一个恋爱

我有一个恋爱，
我爱天上的明星，
我爱它们的晶莹：——
人间没有这异样的神明！

在冷峭的暮冬的黄昏，
在寂寞的灰色的清晨，
在海上，在风雨后的山顶：——
永远有一颗，万颗的明星！

山涧边小草花的知心，
高楼上小孩童的欢欣，
旅行人的灯亮与南针：——
万万里外闪烁的精灵！

我有一个破碎的魂灵，
像一堆破碎的水晶，
散布在荒野的枯草里：——
饱啜你一瞬瞬的殷勤。

人生的冰激与柔情，

我也曾尝味，我也曾容忍；
有时阶砌下蟋蟀的秋吟：——
引起我心伤，逼迫我泪零。

我袒露我的坦白的胸襟，
献爱与一天的明星；
任凭人生是幻是真，
地球存在或是消泯：——
大空中永远有不昧的明星！

（1925年8月中华书局《志摩的诗》）

起造一座墙

你我千万不可亵渎那一个字，
别忘了在上帝跟前起的誓。
我不仅要你最柔软的柔情，
蕉衣似的永远裹着我的心；
我要你的爱有纯钢似的强，
在这流动的生里起造一座墙；
任凭秋风吹尽满园的黄叶，
任凭白蚁蛀烂千年的画壁；
就使有一天霹雳震翻了宇宙，——
也震不翻你我“爱墙”内的自由！

（1925年9月5日《现代评论》第2卷第39期）

客　中

今晚天上有半轮的下弦月；
我想携着她的手，
往明月多处走——
一样是清光，我说，圆满或残缺。

园里有一树开剩的玉兰花；
她有的是爱花癖，
我爱看她的怜惜——
一样是芬芳，她说，满花与残花。

浓荫里有一只过时的夜莺；
她受了秋凉，
不如从前浏亮——
快死了，她说，但我不悔我的痴情！

但这莺，这一树花，这半轮月——
我独自沉吟，
对着我的身影——
她在那里，啊，为什么伤悲，凋谢，残缺？

（1925年12月10日《晨报副镌》）

多谢天！我的心又一度的跳荡

多谢天！我的心又一度的跳荡，
这天蓝与海青与明洁的阳光，
驱净了梅雨时期无欢的踪迹，
也散放了我心头的网罗与纽结，
像一朵曼陀罗花英英的露爽，
在空灵与自由中忘却了迷惘：——
迷惘，迷惘！也不知来自何处，
囚禁着我心灵的自然的流露，
可怖的梦魇，黑夜无边的惨酷，
苏醒的盼切，只增剧灵魂的麻木！
曾经有多少的白昼，黄昏，清晨，
嘲讽我这蚕茧似不生产的生存？
也不知有几遭的明月，星群，晴霞，
山岭的高亢与流水的光华……
辜负！辜负自然界叫唤的殷勤，
惊不醒这沉醉的昏迷与顽冥！

如今，多谢这无名的博大的光辉，
在艳色的青波与绿岛间萦洄，
更有那渔船与帆影，亭亭的黏附
在天边，唤起辽远的梦景与梦趣：

我不由的惊悚，我不由的感愧；
（有时微笑的妩媚是启悟的棒槌！）
是何来倏忽的神明，为我解脱
忧愁，新竹似的豁裂了外箨，
透露内裹的青篁，又为我洗净
障眼的盲翳，重见宇宙间的欢欣。

这或许是我生命重新的机兆；
大自然的精神！容纳我的祈祷，
容许我的不踌躇的注视，容许
我的热情的献致，容许我保持
这显示的神奇，这现在与此地，
这不可比拟的一切间隔的毁灭！
我更不问我的希望，我的惆怅，
未来与过去只是渺茫的幻想，
更不向人间访问幸福的进门，
只求每时分给我不死的印痕，——
变一颗埃尘，一颗无形的埃尘，
追随着造化的车轮，进行，进行……

（1925 年 8 月中华书局《志摩的诗》）

我来扬子江边买一把莲蓬

我来扬子江边买一把莲蓬；
手剥一层层莲衣，
看江鸥在眼前飞，
忍含着一眼悲泪——
我想着你，我想着你，啊小龙！

我尝一尝莲瓤，回味曾经的温存：——
那阶前不卷的重帘，
掩护着同心的欢恋，
我又听着你的盟言，
“永远是你的，我的身体，我的灵魂。”

我尝一尝莲心，我的心比莲心苦；
我长夜里怔忡，
挣不开的噩梦，
谁知我的苦痛？
你害了我，爱，这日子叫我如何过？

但我不能责你负，我不忍猜你变，
我心肠只是一片柔：

你是我的！我依旧将你紧紧的抱搂——

除非是天翻——但谁能想象那一天？

（1925 年 10 月 29 日《晨报副镌》）

再休怪我的脸沉

不要着恼，乖乖，不要怪嫌
我的脸绷得直长，
我的脸绷得是长，
可不是对你，对恋爱生厌。

不要凭空往大坑里盲跳：
胡猜是一个大坑，
这里面坑得死人；
你听我讲，乖，用不着烦恼。

你，我的恋爱，早就不是你：
你我早变成一身，
呼吸，命运，灵魂——
再没有力量把你我分离。

你我比是桃花接上竹叶，
露水合着嘴唇吃，
经脉胶成同命丝，
单等春风到开一个满艳。

谁能怀疑他自创的恋爱？

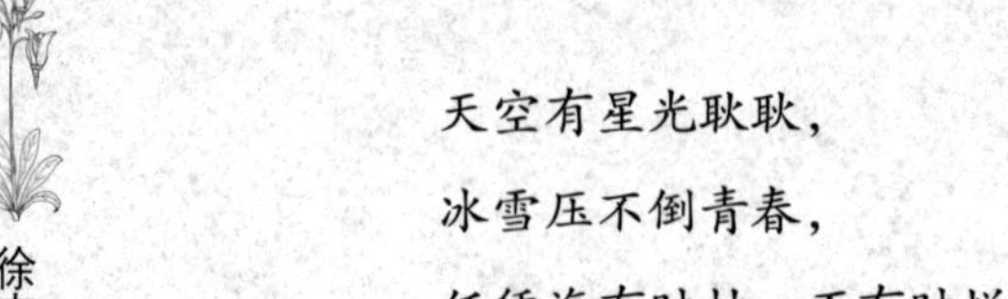

天空有星光耿耿，
冰雪压不倒青春，
任凭海有时枯，石有时烂！

不是的，乖，不是对爱生厌！
你胡猜我也不怪，
我的样儿是太难，
反正我得对你深深道歉。

不错，我恼，恼的是我自己：
（山怨土堆不够高；
河对水私下唠叨。）
恨我自己为甚这不争气。

我的心（我信）比似个浅洼：
跳动着几条泥鳅，
积不住三尺清流，
盼不到天光，映不着彩霞；

又比是个力乏的朝山客；
他望见白云缭绕，
拥护着山远山高，
但他只能在倦疲中沉默。

也不是不认识上天威力；
他何尝甘愿绝望，
空对着光阴怅惘——

你到深夜里来听他悲泣！

就说爱，我虽则有了你，爱，
不愁在生命道上，
感受孤立的恐慌，
但不知道我还想往上攀！

恋爱，我要更光明的实现：
草堆里一个萤火，
企慕着天顶星罗：
我要你我的爱高比得天！

我要那洗度灵魂的圣泉，
洗掉这皮囊腌臜，
解放内裹的囚犯，
化一缕轻烟，化一朵青莲。

这，你看，才叫是烦恼自找；
从清晨直到黄昏，
从天昏又到天明，
活动着我自剖的一把钢刀！

不是自杀，你得认个分明。
劈去生活的余渣，
为要生命的精华；
给我勇气，啊，唯一的亲亲！

给我勇气，我要的是力量，

快来救我这围城，

再休怪我的脸沉，

快来，乖乖，抱住我的思想！

四月二十二日

（1926 年 4 月 29 日《晨报副镌·诗镌》第 5 号）

决　断

我的爱：

再不可迟疑；

误不得

这唯一的时机，

天平秤——

在你自己心里，

哪头重——

法码都不用比！

你我的——

哪还用着我提？

下了种，

就得完功到底。

生，爱，死——

三连环的迷谜；

拉动一个，

两个就跟着挤。

老实说，
我不稀罕这活，
这皮囊，——
哪处不是拘束。

要恋爱，
要自由，要解脱——
这小刀子，
许是你我的天国！

可是不死
就得跑，远远的跑；
谁耐烦
在这猪圈里捞骚？

险——
不用说，总得冒，
不拼命，
哪件事拿得着？

看那星，
多勇猛的光明！
看这夜，
多庄严，多澄清！

走吧，甜，

前途不是暗昧；

多谢天，

从此跳出了轮回！

（1925 年 11 月 25 日《晨报副镌》）

两地相思

一　他——

今晚的月亮像她的眉毛，
这弯弯的够多俏！
今晚的天空像她的爱情，
这蓝蓝的够多深！
那样多是你的，我听她说，
你再也不用疑惑；
给你这一团火，她的香唇，
还有她更热的腰身！
谁说做人不该多吃点苦？——
吃到了底才有数。
这来可苦了她，盼死了我，
半年不是容易过！
她这时候，我想，正靠着窗，
手托着俊俏脸庞，
在想，一滴泪正挂在腮边，
像露珠沾上草尖：
在半忧愁半欢喜的预计，
计算着我的归期：
啊，一颗纯洁的爱我的心，

那样的专！那样的真！
还不催快你胯下的牲口，
趁月光清水似流，
趁月光清水似流，赶回家
去亲你唯一的她！

二 她——

今晚的月色又使我想起，
我半年前的昏迷，
那晚我不该喝那三杯酒，
添了我一世的愁；
我不该把自由随手给扔，——
活该我今儿的闷！
他待我倒真是一片至诚，
像竹园里的新笋，
不怕风吹，不怕雨打，一样
他还是往上滋长；
他为我吃尽了苦，就为我
他今天还在奔波；——
我又没有勇气对他明讲
我改变了的心肠！
今晚月儿弓样，到月圆时
我，我如何能躲避！
我怕，我爱，这来我真是难，
恨不能往地底钻；
可是你，爱，永远有我的心，
听凭我是浮是沉；

他来时要抱，我就让他抱，
（这葫芦不破的好，）
但每回我让他亲——我的唇，
爱，亲的是你的吻！

（1926 年 6 月 10 日《晨报副镌·诗镌》第 11 号）

鲤 跳

那天你走近一道小溪，
我说："我抱你过去，"你说："不；"
"那我总得搀你，"你又说："不。"
"你先过去，"你说，"这水多丽！"

"我愿意做一尾鱼，一支草，
在风光里长，在风光里睡，
收拾起烦恼，再不用流泪：
现在看！我这锦鲤似的跳！"

一闪光艳，你已纵过了水；
脚点地时那轻，一身的笑，
像柳丝，腰哪在俏丽的摇；
水波里满是鲤鳞的霞绮！

七月九日

（1931 年 1 月 10 日《新月》第 3 卷第 10 号）

两个月亮

我望见有两个月亮：
一般的样，不同的相。

一个这时正在天上，
披敞着雀毛的衣裳；
她不吝惜她的恩情，
满地全是她的金银。
她不忘故宫的琉璃，
三海间有她的清丽。
她跳出云头，跳上树，
又躲进新绿的藤萝。
她那样玲珑，那样美，
水底的鱼儿也得醉！
但她有一点子不好，
她老爱向瘦小里耗；
有时满天只见星点，
没了那迷人的圆脸，
虽则到时候照样回来，
但这份相思有些难挨！

还有那个你看不见，

虽则不提有多么艳!
她也有她醉涡的笑,
还有转动时的灵妙;
说慷慨她也从不让人,
可惜你望不到我的园林!
可贵是她无边的法力,
常把我灵波向高里提:
我最爱那银涛的汹涌,
浪花里有音乐的银钟;
就那些马尾似的白沫,
也比得珠宝经过雕琢。
一轮完美的明月,
又况是永不残缺!
只要我闭上这一双眼,
她就婷婷的升上了天!

四月二日月圆深夜

(1931 年 4 月 20 日《诗刊》第 2 期)

你 去

你去，我也走，我们在此分手；
你上那一条大路，你放心走，
你看那街灯一直亮到天边，
你只消跟从这光明的直线！
你先走，我站在此地望着你，
放轻些脚步，别教灰土扬起，
我要认清你的远去的身影，
直到距离使我认你不分明。
再不然我就叫响你的名字，
不断的提醒你有我在这里，
为消解荒街与深晚的荒凉，
目送你归去……
不，我自有主张，
你不必为我忧虑；你走大路，
我进这条小巷，你看那棵树，
高抵着天，我走到那边转弯，
再过去是一片荒野的凌乱：
有深潭，有浅洼，半亮着止水，
在夜芒中像是纷披的眼泪；
有石块，有钩刺胫踝的蔓草，
在期待过路人疏神时绊倒！

但你不必焦心，我有的是胆，
凶险的途程不能使我心寒。
等你走远了，我就大步向前，
这荒野有的是夜露的清鲜；
也不愁愁云深裹，但须风动，
云海里便波涌星斗的流汞；
更何况永远照彻我的心底，
有那颗不夜的明珠，我爱你！

（1931 年 10 月 5 日《诗刊》第 3 期）

为的是

女人：

我对你祈祷，

我对你礼拜，

我对你乞讨，——

为的是……

女人：

我为你发痴，

我为你颓废，

我为你做诗，——

为的是……

女人：

我拿你咒骂，

我拿你凌迟，

我拿你践踏，——

为的是……

（1930年6月上海《金屋月刊》第9、10期合刊）

难　忘

这日子——从天亮到昏黄，
虽则有时花般的阳光，
从郊外的麦田，
半空中的飞燕，
照亮到我劳倦的眼前，
给我刹那间的舒爽，
我还是不能忘——
不忘旧时的积累，
也不分是恼是愁是悔，
在心头，在思潮的起伏间，
像是迷雾，像是诅咒的凶险：
它们包围，它们缠绕，
它们狞露着牙，它们咬，
它们烈火般的煎熬，
它们伸拓着巨灵的掌，
把所有的忻快拦挡……

（1932 年 7 月 30 日《诗刊》第 4 期）

石虎胡同七号

我们的小园庭，有时荡漾着无限温柔；
善笑的藤娘，袒酥怀任团团的柿掌绸缪，
百尺的槐翁，在微风中俯身将棠姑抱搂，
黄狗在篱边，守候睡熟的珀儿，它的小友，
小雀儿新制求婚的艳曲，在媚唱无休——
我们的小园庭，有时荡漾着无限温柔。

我们的小园庭，有时淡描着依稀的梦景；
雨过的苍茫与满庭荫绿，织成无声幽冥，
小蛙独坐在残兰的胸前，听隔院蚓鸣，
一片化不尽的雨云，倦展在老槐树顶，
掠檐前作圆形的舞旋，是蝙蝠，还是蜻蜓？——
我们的小园庭，有时淡描着依稀的梦景。

我们的小园庭，有时轻喟着一声奈何；
奈何在暴雨时，雨槌下捣烂鲜红无数，
奈何在新秋时，未凋的青叶惆怅地辞树，
奈何在深夜里，月儿乘云艇归去，西墙已度，
远巷薤露的乐音，一阵阵被冷风吹过——
我们的小园庭，有时轻喟着一声奈何。

我们的小园庭，有时沉浸在快乐之中；
雨后的黄昏，满院只美荫，清香与凉风，
大量的蹇翁，巨樽在手，蹇足直指天空，
一斤，两斤，杯底喝尽，满怀酒欢，满面酒红，
连珠的笑响中，浮沉着神仙似的酒翁——
我们的小园庭，有时沉浸在快乐之中。

（1923 年 8 月 6 日《文学周报》第 82 期）

月下雷峰影片

我送你一个雷峰塔影，
满天稠密的黑云与白云；
我送你一个雷峰塔顶，
明月泻影在眠熟的波心。

深深的黑夜，依依的塔影，
团团的月彩，纤纤的波鳞——
假如你我荡一支无遮的小艇，
假如你我创一个完全的梦境！

（1925年8月中华书局《志摩的诗》）

雷峰塔

那首是白娘娘的古墓
（划船的手指着野草深处）；
客人，你知道西湖上的佳话，
白娘娘是个多情的妖魔。

她为了多情，反而受苦，
爱了个没出息的许仙，她的情夫；
他听信了一个和尚，一时的糊涂，
拿一个钵盂，把他妻子的原形罩住。

到如今已有千百年的光景，
可怜她被镇压在雷峰塔底，——
一座残败的古塔，凄凉地，
庄严地，独自在南屏的晚钟声里！

（1923 年 10 月 12 日《晨报 · 文学旬刊》）

再不见雷峰

再不见雷峰，雷峰坍成了一座大荒冢，
顶上有不少交抱的青葱；
顶上有不少交抱的青葱，
再不见雷峰，雷峰坍成了一座大荒冢。

为什么感慨，对着这光阴应分的摧残？
世上多的是不应分的变态；
世上多的是不应分的变态，
发什么感慨，对着这光阴应分的摧残？

为什么感慨，这塔是镇压，这坟是掩埋——
镇压还不如掩埋来得痛快！
镇压还不如掩埋来得痛快，
发什么感慨，这塔是镇压，这坟是掩埋！

再没有雷峰，雷峰从此掩埋在人的记忆中，
像曾经的幻梦，曾经的爱宠；
像曾经的幻梦，曾经的爱宠，
再没有雷峰，雷峰从此掩埋在人的记忆中。

九月西湖

（1925年10月5日《晨报副镌》）

一个祈祷

请听我悲哽的声音，祈求于我爱的神：
人间哪一个的身上，不带些儿创与伤！
哪有高洁的灵魂，不经地狱，便登天堂：
我是肉薄过刀山，炮烙，闯度了奈何桥，
方有今日这颗赤裸裸的心，自由高傲！

这颗赤裸裸的心，请收了罢，我的爱神！
因为除了你更无人，给他温慰与生命，
否则，你就将他磨成齑粉，散入西天云，
但他精诚的颜色，却永远点染你春朝的
新思，秋夜的梦境；怜悯罢，我的爱神！

（1923年7月1日《晨报·文学旬刊》）

悲　思

悲思在庭前——
不；但看
新萝憨舞，
紫藤吐艳，
蜂恣蝶恋——
悲思不在庭前。

悲思在天上——
不；但看——
青白长空，
气宇晴朗，
云雀回舞——
悲思不在天上。

悲思在我笔里——
不；但看
白净长毫，
正待抒写，
浩坦心怀——
悲思不在我的笔里。

悲思在我纸上——

不；但看

质净色清，

似在觑盼，

诗意春情——

悲思不在我的纸上。

悲思莫非在我……

心里——

心如古墟，

野草不株，

心如冻泉，

冰结活源，

心如冬虫，

久蛰久噤——

不，悲思不在我的心里！

五月十三日

（1923 年 5 月 20 日《努力周报》第 53 期）

希望的埋葬

希望，只如今……
如今只剩些遗骸——
可怜，我的心……
却教我如何埋掩？

希望，我抚摩着
你惨变的创伤；
在这冷默的冬夜——
谁与我商量埋葬？

埋你在秋林之中，
幽涧之边，你愿否？
朝餐泉乐的琤琮，
暮偎着松茵香柔。

我收拾一筐的红叶，
露凋秋伤的枫叶，
铺盖在你新坟之上——
长眠着美丽的希望！

我唱一支惨淡的歌，

与秋林的秋声相和；
滴滴凉露似的清泪，
洒遍了清冷的新墓！

我手抱你冷残的衣裳，
凄怀你生前的经过——
一个遭不幸的爱母，
回想一场抚养的辛苦！

我又舍不得将你埋葬，
希望，我的生命与光明——
像那个情疯了的公主，
紧搂住她爱人的冷尸。

梦境似的惝恍，
毕竟是谁存谁亡？
是谁在悲唱，希望！
你，我，是谁替谁埋葬？

“美是人间不死的光芒”，
不论是生命，或是希望！
便冷骸也发生命的神光，
何必问秋林红叶去埋葬？

（1923 年 1 月 28 日《努力周报》第 39 期）

草上的露珠儿

草上的露珠儿
颗颗是透明的水晶球，
新归来的燕儿
在旧巢里呢喃个不休；

诗人哟！可不是春至人间
还不放开你
创造的喷泉，
嗤嗤！吐不尽南山北山的璠瑜，
洒不完东海西海的琼珠，
融和琴瑟箫笙的音韵，
饮餐星辰日月的光明！
诗人哟！可不是春在人间，
还不开放你
创造的喷泉！

这一声霹雳
震破了漫天的云雾，
显焕的旭日
又升临在黄金的宝座；

柔软的南风
吹皱了大海慷慨的面容，
洁白的海鸥
上穿云下没波自在优游；

诗人哟！可不是趁航时候，
还不准备你
歌吟的渔舟！
看哟！那白浪里
金翅的海鲤
白嫩的长鲵，
虾须和蟛脐！
快哟！一头撒网一头放钓，
收！收！
你父母妻儿亲戚朋友
享定了希世的珍馐。
诗人哟！可不是趁航时候，
还不准备你
歌吟的渔舟！

诗人哟！
你是时代精神的先觉者哟！
你是思想艺术的集成者哟！
你是人天之际的创造者哟！
你资材是河海风云，
鸟兽花草神鬼蝇蚊，
一言以蔽之：天文地文人文；

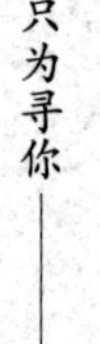

你的洪炉是“印曼桀乃欣”，
永生的火焰“烟士披里纯”，
炼制着诗化美化灿烂的鸿钧；

你是高高在上的云雀天鹨，
纵横四海不问今古春秋，
散布着希世的音乐锦绣；

你是精神困穷的慈善翁，
你展览真善美的万丈虹，
你居住在真生命的最高峰。

（1969 年台湾传记文学出版社《徐志摩全集》第 1 集）

春

康河右岸皆学院，左岸牧场之背，榆荫密覆，大道纡回，一望葱翠，春尤浓郁，但闻虫鸟语，校舍寺塔掩映林巅，真胜处也。迩来草长日丽，时有情耦隐卧草中，密话风流。我常往复其间，辄成下作。

河水在夕阳里缓流，
暮霞胶抹树干树头；
蚱蜢飞，蚱蜢戏吻草光光，
我在春草里看看走走。

蚱蜢匐伏在铁花胸前，
铁花羞得不住的摇头，
草里忽伸出只藕嫩的手，
将孟浪的跳虫拦腰紧搂。

金花菜，银花菜，星星澜澜，
点缀着天然温暖的青毡，
青毡上青年的情耦，
情意胶胶，情话啾啾。

我点头微笑，南向前走，
观赏这青透春透的园囿，

树尽交柯，草也骄偶，
到处是缱绻，是绸缪。

雀儿在人前猥盼亵语，
人在草处心欢面赧，
我羡他们的双双对对，
有谁羡我孤独的徘徊？

孤独的徘徊！
我心须何尝不热奋震颤，
答应这青春的呼唤，
燃点着希望灿灿，
春呀！你在我怀抱中也！

（1923年5月30日《时事新报·学灯》）

沙士顿重游随笔

一

许久不见了，满田的青草黄花！

你们在风前点头微笑，仿佛说彼此无恙。

今春雨少，你们的面容着实清瘦；

我一年来也无非是烦恼踉跄；

见否我白发骈添，眉峰的愁痕未隐？

你们是需要雨露，人间只缺少同情。——

青年不受恋爱的滋润，比如春阳霖雨，照洒沙碛永远不得收成。

但你们还有众多的伴侣；

在“大母”慈爱的胸前，和晨风软语，听晨星骈唱，

每天农夫赶他牛车经过，谈论村前村后的新闻，

有时还有美发罗裙的女郎，来对你们声诉她遭逢的薄幸。

至于我的灵魂，只是常在他囚羁中忧伤岑寂；

他仿佛是“衣司业尔”彷徨的圣羊。

二

许久不见了，最仁善公允的阳光！

你们现正斜倚在这残破的墙上，

牵动了我不尽的回忆，无限的凄怆。
我从前每晚散步的欢怀，
总少不了你殷勤的照顾。
你吸起人间畅快和悦的心潮，
有似明月钩引湖海的夜汐；
就此荏苒临逝的回光，不但完成一天的功绩，
并且预告晴好的清晨，吩咐勤作的农人，安度良宵。
这满地零乱的栗花，都像在你仁荫里欢舞。
对面楼窗口无告的老翁，
也在饱啜你和煦的同情：
他皱缩昏花的老眼，似告诉人说：
都亏这养老棚朝西，容我每晚享用莫景的温存：
这是天父给我不用求讨的慰藉。

三

许久不见了，和悦的旧邻居！
那位白须白发的先生，正在趁晚凉将水浇菜，
老夫人穿着蓝布的长裙，站在园篱边微笑。
一年过得容易，
那篱畔的苹花，已经落地成泥！
这些色香两绝的玫瑰的种畤在八十老人跟前，
好比艳眼的少艾，独倚在虬松古柏的中间，
他们笑着对我说结婚已经五十三年，
今年十月里预备金婚；
来到此村三十九年，老夫人从不曾半日离家，
每天五时起工作，眠食时刻，四十年如一日；

莫有儿女，彼此如形影相随，

但管门前花草后园蔬果，

从不问村中事情，更不晓世上有春秋，

老夫人拿出他新制的杨梅酱来请我尝味，

因为去年我们在时吃过，曾经赞好。

四

那灰色墙边的自来井前，上面盖着栗树的浓荫，

残花还不时地堕落，

站着位十八的郎，

他发上络住一支藤黄色的梳子，衬托着一大股蓬松的褐色细麻，

转过头来见了我，微微一笑，

脂江的唇缝里，漏出了一声有意无意的“你好！”

五

那边半尺多厚干草，铺顶的低屋前，

依旧站着一年前整天在此的一位褴褛老翁，

他曲着背将身子承住在一根黑色杖上，

后脑仅存几茎白发，和着他有音节的咳嗽，上下颤动。

我走过他跟前，照例说了晚安，

他抬起头向我端详，

一时口角的皱纹，齐向下颌紧叠，

吐露些不易辨认的声响，接着几声干涸的咳嗽。

我瞥见他右眼红腐，像烂桃颜色（并不可怕），

一张绝扁的口，挂着一线口涎。

我心里想阿弥陀佛，这才是老贫病的三角同盟。

六

两条牛并肩在街心里走来，

卖弄他们最庄严的步法。

沉着迟重的蹄声，轻撼了晚村的静默。

一个赤腿的小孩，一手扳着门枢，

一手的指甲腌在口里，

瞪着眼看牛尾的撩拂。

七

一个穿制服的人，向我行礼，

原来是从前替我们送信的邮差，

他依旧穿黑呢红边的制衣，背着皮袋，手里握着一叠信。

只见他这家进，那家出，有几家人在门外等他，

他挨户过去，继续说他的晚安，只管对门牌投信，

他上午中午下午一共巡行三次，每次都是刻板的面目；

雨天风天，晴天雪天，春天冬天，

他总是循行他制定的责务；

他似乎不知道他是这全村多少喜怒悲欢的中介者；

他像是不可防御的运命自身。

有人张着笑口迎他，

有人听得他的足音，便惶恐震栗；

但他自来自去，总是不变的态度。

他好比双手满抓着各式情绪的种子，向心田里

四撒；

这家的笑声，那边的幽泣；

全村顿时增加的脉搏心跳，歔欷叹息，

都是他盲目工程的结果，

他哪里知道人间最大的消息，

都曾在他褴旧的皮袋里住过，

在他干黄的手指里经过——

可爱可怖的邮差呀！

（1923年3月13日《时事新报·学灯》）

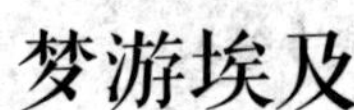

梦游埃及

龙舟画桨
地中海海乐悠扬；
浪涛的中心
有丑怪奋斗汹张；

一轮漆黑的明月，
滚入了青面的太阳——
青面白发的太阳；
太阳又奔赴涛心，将海怪
浇成奇伟的偶像；
大海化成了大漠；
开佛伦王的石像
危峙在天地中央；
张口把太阳吃了
遍体发骇人的光亮；
巨万的黄人黑人白人
蠕伏在浪涛汹涌的地面；
金刚般的勇士
大倘步走上了人堆；

人堆里呶呶的怪响

不知是悲切是欢畅；
勇士的金盔金甲
闪闪亮亮
烨烨生火；

顷刻大火燔燔，火焰里有个
伟丈夫端坐；
像菩萨，
像葛德，
像柏拉图，
坐镇在勇士们头颅砌成的
莲台宝座；

一阵骇人的金电，——
这人宝塔又变形为
大漠里清静静地
一座三角金字塔：
一个个金字，都是
放焰的龙珠；
塔像一只高背的骆驼，
驮着个不长不短的
人魔——他睁着怪眼大喊道：——
“奴隶的人间，可曾看出
此中的消息呀？”

（1923年5月14日《时事新报·学灯》）

威尼市

我站在桥上，
这甜熟的黄昏，
远处来的箫声和琴音——点儿、线儿，
圆形、方形、长形，
尽是灿烂的黄金，
倾泻在波涟里，
澄蓝而凝匀。
歌声，游艇，
灯烛的辉莹，
梦寐似生，
——细缊——
幻景似消泯，
在流水的胸前——
鲜妍，绻缱——
流，流，
流入沉沉的黄昏。

我灵魂的弦琴，
感受了无形的冲动，
怔忡，惺忪，
悄悄地吟弄，

一支红朵蜡的新曲，

出咽的香浓；

但这微妙的心琴哟，

有谁领略，

有谁能听！

（1923年4月28日《时事新报·学灯》）

地中海

海呀！你宏大幽秘的音息，不是无因而来的！

这风稳日丽，也不是无因而然的！

这些进行不歇的波浪，唤起了思想同情的反应——涨，

落——隐，现——去，来……

无量数的浪花，各各不同，各有奇趣的花样，——

一树上没有两张相同的叶片，

天上没有两朵相同的云彩。

地中海呀！你是欧洲文明最老的见证！

魔大的帝国，曾经一再笼卷你的两岸；

霸业的命运，曾经再三在你酥胸上定夺；

无数的帝王、英雄、诗人、僧侣、寇盗、商贾，曾经在你怀抱中得意，失志，

灭亡；

无数的财货、牲畜、人命、舰队、商船、渔艇，曾经沉入你无底的渊壑；

无数的朝彩晚霞，星光月色，血腥，血糜，曾经浸染涂糁你的面庞；

无数的风涛、雷电、炮声、潜艇，曾经扰乱你平安的居处；

屈洛安城焚的火光，阿脱洛庵家的惨剧，

沙伦女的歌声，迦太基奴女被掳过海的哭声，
维雪维亚炸裂的彩色，
尼罗河口，铁拉法尔加唱凯的歌音……
都曾经供你耳目刹那的欢娱。
历史来，历史去；
埃及、波斯、希腊、马其顿、罗马、西班牙——
至多也不过抵你一缕浪花的涨歇，一茎春花的开落！但是你呢——
依旧冲洗着欧非亚的海岸，
依旧保存着你青年的颜色，
（时间不曾在你面上留痕迹。）
依旧继续着你自在无挂的涨落，
依旧呼啸着你厌世的骚愁，
依旧翻新着你浪花的样式，——
这孤零零地神秘伟大的地中海呀！

（1922 年 12 月 24 日《努力周报》第 34 期）

西伯利亚

西伯利亚：——我早年时想象
你不是受上天恩情的地域：
荒凉、严肃，不可比况的冷酷。
在冻雾里，在无边的雪地里，
有局促的生灵们，半像鬼、枯瘦、
黑面目、佝偻、默无声的工作。
在他们，这地面是寒冰的地狱，
天空不留一丝霞采的希冀，
更不问人事的恩情，人情的旖旎；
这是为怨郁的人间淤藏怨郁，
茫茫的白雪里渲染人道的鲜血，
西伯利亚，你象征的是恐怖、荒虚。

但今天，我面对这异样的风光——
不是荒原，这春夏间的西伯利亚，
更不见严冬时的坚冰、枯枝、寒鸦；
在这乌拉尔东来的草田，茂旺、葱秀，
牛马的乐园，几千里无际的绿洲，
更有那重叠的森林；赤松与白杨，
灌属的小丛林，手挽手的滋长；
那赤皮松，像巨万赭衣的战士，

森森的、悄悄的，等待冲锋的号示，
那白杨，婀娜的多姿，最是那树皮，
白如霜，依稀林中仙女们的轻衣；
就这天——这天也不是寻常的开朗：
看，蓝空中往来的是轻快的仙航，——
那不是云彩，那是天神们的微笑，
琼花似的幻化在这圆穹的周遭……

一九二五年过西伯利亚倚车窗眺景随笔

（1926年4月15日《晨报副镌·诗镌》）

在车中

这回爬上乌拉尔的高冈，哈哈，
紫色的黄昏罩，三千里路的松林；
这边是亚细亚，那边是欧罗巴——
巨蟒似的青烟蜒，蜒上了乌拉山顶。

回望你那从来处的东——啊东方！
那一顶没有颜色的睡帽——西伯利亚，
深林住一个焦黄的老儿头——啊老黄，
你睡够了啊，为什么老是这欠哈？

再看那欧罗巴；堪怜的破罗马
拿破仑的铁蹄；威廉皇的炮弹花；
莱茵河边的青□；一个折烂了的玩偶□家！
阿尔帕斯的白雪，啊，莫斯科的红霞！

（1983 年香港商务印书馆《徐志摩全集》第 1 集，“□”原书如此）